プロローグ

自分のバッグの中、会社のデスク、おうちの中を
一度、じっくりと見てみましょう。

無造作に物が置いてあったり、
探しているものが見つからなかったり、
何度も同じものを購入してしまったり、
こんなのあったんだ！と、買った覚えのないものが
ひょっこり出てきたり。
整理ができないと、毎日困ったことの連続です。

整理整頓ができている女性は、
見た目に品があって美しいのはもちろん、
いつも慌てずに落ち着いた印象です。

「毎日忙しいから」
「私は片付けができない人間なんだ」
「ちょっと散らかってるくらいが落ち着くし…」
整理整頓ができない自分に、
そんな言い訳を並べていませんか？
実は、整理は「分ける」「捨てる」「戻す」の３つを意識するだけで
誰でも簡単にできるようになります。

子どもの頃に、「片付けなさい」と何度も言われたけど、
大人になると、あまり言われることはなくなります。
周囲から信頼される「ステキな大人女子」になるために、
整理整頓の第一歩を始めてみませんか。

もくじ

2 ● プロローグ

9 ● この本の使い方

10 ● こんなものと場所、整理整頓できていますか?

12 ● "ごちゃごちゃ" とサヨウナラ!
整理整頓ができるようになる5つのSTEP

17 ● 「整理」と「整頓」の違い、わかりますか?

1章 持ち物と身だしなみ の整理

20 ● バッグに入れるアイテムは8つまで

22 ● 1カ月使っていないものは取り出す

24 ● お仕事バッグは6つのキーワードで選んで!

26 ● メイクポーチはあえて小さめにする

28 ● お財布に不要なものをため込まない

30 ● 旅行バッグで旅の快適さが決まる!

32 ● 冠婚葬祭用の小物はひとまとめに

34 ● 通勤ファッションは清潔感がポイント

36 ● お天気別対策ポイント

2章 手帳とスマホ の整理

40 「予定を書くだけ」ではもったいない！

42 手帳に書くべき5つの内容を知っておこう！

44 手帳は "選び方" が大事！

46 プライベートメインはマンスリータイプ

48 フリースペース重視なら週間レフトタイプ

50 時間管理したいならバーチカルタイプ

52 手帳でできる時間管理術

54 毎日がもっと充実！ オススメ手帳術

56 手帳をもっとかわいく！ 10のアレンジ

58 アナログvsデジタルどっちがいい？

60 スマホ整理で格段に便利に！

62 これでストレスフリー！ スマホの6つのメンテナンス

64 フォルダ管理でホーム画面すっきり！

66 スマホの写真・動画はこう整理する

68 iPhonevsAndroid どっちが便利？

70 入れておきたい基本のアプリはコレ！

72 ちょっとしたとき便利！ 女性向け無料アプリ15

3章 お金 の整理

76 お金が貯まるのはどんなお財布?

78 何に、いくらまで使っていいの?

80 自分の「かかりつけ銀行」を持つ

82 口座は貯金用と支払い用のふたつ持つ

84 オトナ女子なら給与明細を理解して

86 月の貯蓄額は先に決めておく

88 人生を輝かせるボーナスの使い方

90 貯まる人は家計簿をつけている

92 使途不明金をなくす4つのポイント

94 クレジットカードは2枚に絞る

96 クレジットカードはライフスタイルに合わせるとお得!!

98 投資をするなら収入の1割まで

100 未来のお金を予測してお金を管理

4章 デスク・書類・ノートの整理

- 104 みんなが憧れるデスク美人を目指そう
- 106 アイテムは〝0.5秒〟で手に取れる
- 108 引き出しの中に品性が出る！
- 110 こんな工夫でデスクがオアシスに！
- 112 デスク片付けのルールを作ろう！
- 114 オフィスで使える！ 便利グッズ一覧
- 116 ファイルは〝立てて並べる〟が絶対ルール
- 118 名刺を賢く整理しよう

- 120 書類を捨てるのも仕事のうち！
- 122 オトナ女子こそ、ノートを活用して！
- 124 ノートは見返すことに意味がある！
- 126 使える！ ふせんノート術
- 128 メモは5W2Hを意識して
- 130 ちょっとの気遣いで伝達もスムーズ
- 132 パソコン整理はこのルールで！
- 134 サクサク作業を叶える簡単ワザ
- 136 早く帰れる人はメール管理上手！

5章 おうちの整理

140 ● 帰りたくなるのはこんなおうち！

142 ● 掃除がラクな部屋を作る6つのポイント

144 ● 狭いクローゼットでも十分使える！

146 ● クローゼットをあふれさせないための服の整理の心得

150 ● 1週間のコーディネートを決めておけば朝ラクラク！

152 ● こんなキッチンで毎日お料理したい！

154 ● 人に見られても大丈夫！キレイな冷蔵庫の作り方

156 ● リビングはとにかく「ゆとり」が大事！

158 ● 寝室はとことん心地いい空間に

160 ● 洗面台・バスルームは直置きしない

162 ● コスメは1年で使い切る

164 ● オシャレなトイレ空間を演出して

166 ● 本棚はインテリアとして使う

168 ● 写真は年に一度アルバムに

170 ● 家の中に紙類をためない6つの工夫

172 ● 「捨てられない」から抜け出そう!!

174 ● ものを捨ててみよう

176 ● 捨てづらいこんなものはどうする？

178 ● 不用品を売ろう！

6章 時間とカラダの整理

182
● 時間を整えると毎日が楽しくなる!

184
● 朝・昼・夜のメリハリ時間作り

186
●「5分」でできることを考えてみる

188
● 時間のムダ使いをやめれば余裕が!

190
● イライラを生む人間関係を整理する

192
● 職場では好印象のひと言を持って

194
● 意識を変えるだけで人間関係は整う

196
● 自分が〝ステキ〟と思うOFF時間を持とう

198
● くじけそうなときこそ心を整える

200
● 習い事で新しい世界に出会おう

202
● 女性ホルモンを味方につける

204
● 月経リズムとカラダのコントロール

206
● 美と健康をキープする!カラダメンテナンス

〈この本の使い方〉

今すぐに始められる
整理の基本的な
テクニックはもちろん、
暮らしをもっと充実させる
アイデアがたくさん！

ずぼら子ちゃんと
一緒に整理上手を
目指そう！

トンちゃん
整理整頓をサポートしてくれるトンちゃん。水玉のパンツから、役立つアイテムを出してくれることも。

ずぼら子ちゃん
整理整頓が苦手なオトナ女子、ずぼら子ちゃん。部屋がきれいで落ち着きのある女性に憧れている。

①整理上手になるアイデア
ちょっとしたコツや、おすすめのアイテムなど、整理整頓が上手にできるようになるアイデアをイラストつきでわかりやすく説明しています。

② OKとNGで比較
あなたが整理整頓できているかどうかが、一目瞭然。どうして整理をしたほうがよいのかもわかります。

③ひとことメモ
知っておくと役立つ整理のコツや覚えておきたい知識を掲載しています。整理整頓の意識がより高まるかも。

④コツやアドバイスがたくさん
どのように片付けを進めていくのか、処分するべきものやタイミングなど、整理整頓についての細かな解説もたくさん載っています。

整理整頓できていますか？

ノートや書類

デスクまわりやパソコン

お財布の中

こんなものと場所、

おうちの中

心とカラダ

"ごちゃごちゃ"とサヨウナラ！
整理整頓ができるようになる
5つのSTEP

STEP1

意外とできない人多し!?
いらないものを捨てる！

管理できるものには限界がある

いつか使うかも、高かったから…。と捨てられないものはありませんか。手に取って10秒以上悩むものは思い切って捨てて！ それが整理の第1歩。

STEP2
「戻す」のしくみを作る！ものの場所を決める

POINT

ひと目でわかるように工夫する

ものの場所すべてを把握しておくのは難しいものです。ラベリングしたり、同じものはまとめるなど、見てわかる工夫を。

出しっぱなしにせず使ったら戻す！

ものには"住所"を作りましょう。使い終わったら同じ場所に戻すだけで、きれいな状態をキープできるようになります。

STEP3
しまい込まないルール
使用頻度の高いものは出しておく

棚の奥に眠らせないで！

クローゼットや引き出しの奥にしまい込むと、取り出すことが億劫になり、忘れてしまいがち。よく使うものは、すぐ手に取れる場所に配置しましょう。

STEP4 視覚にうったえる！色・形をそろえる

"見た目もすっきり"を叶えられる！

ファイルや収納ケースは、同じものでそろえると視覚的にすっきりとします。また、箱は丸形よりも四角のほうが、すき間ができず整えやすいです。

STEP5

「何からやればいい？」に陥らない 優先順位を決める

整理と時間管理は密接な関係！

先に処理する書類、すぐに必要なものなど、優先しなければならないものを把握しましょう。わからない場合は、書き出してみることから始めてみて。

「整理」と「整頓」の違い、わかりますか？

整理は「いらないものを処分する」こと、整頓は
「必要なものを分類＆片付けて整えやすくする」ことです。

	整理	整頓
書類をいるものといらないものに分ける	✓	
ファイルのサイズを合わせて並べる		✓
メモをテーマごとに A4 の紙に貼る		✓
机の上にあるものをとりあえずダンボール箱に移す	✓	
終わった案件の書類を処分する		✓
机の引き出しにしきりを入れて、文具を取り出しやすいようにしまう		✓
帰る前に机の上をざっと片付ける		✓
必要のない名刺を捨てる	✓	
本棚の本を分類ごとに並べる		✓
終わった仕事の資料で、残しておくものと捨てるものを分ける	✓	
パソコンのファイルをテーマごとに分類する		✓
使った資料を棚に戻す		✓
机の上のものを使いやすいように並べ替える		✓
外出後にかばんの中を整理し、いらないものを捨てる	✓	

1章

持ち物と身だしなみの整理

バッグ
ポーチ
お財布
旅行バッグ
など

バッグの中はごちゃごちゃでどこに何が入っているかすぐにわからない…。身だしなみがいつも乱れていて見苦しい…。そんなことでは、ステキなオトナ女子を目指せません。本章ではバッグやメイクポーチの整理のコツ、お財布や旅行バッグの整理の仕方、清潔感のある通勤ファッションのポイントなどを詳しく解説。まずは持ち物と身だしなみから整えましょう。

〈 持ち物 1 〉

バッグに入れるアイテムは8つまで

バッグの中がごちゃごちゃだと
→
いつもトラブル！

NG

何が入っているか
すぐわからない

ゴチャゴチャ

大事な書類が
汚れたり
破れたり

コード類が
からまって
じゃまになる

ポーチが
汚れている

ポケットティッシュが
いくつも入っている

ガサゴソと探す姿は見苦しい！

バッグの中が整理されていない状態だと、必要なものをガサゴソと探し出さなければいけません。いざというときに焦りますし、キレイなしぐさとは言えません。ゴミや不用品がたまって本当に必要なものが入っていなかったり、大切な書類が傷んだりといったトラブルも。

いつもスマート！

♥ バッグの中がすっきりだと

- 出したいものがすぐに見つかる
- 最低限のもので軽量化
- ポーチやハンカチは人前で堂々と出せるくらいキレイ
- 何がどこにあるかすぐにわかる
- ファイルやポーチの活用ですっきりとした印象
- サッと！

すぐに見つかるから慌てない！

バッグの中身がひと目でわかる状態なら、必要なものがサッと美しく取り出せます。持ち歩くアイテムは、お財布、定期券、携帯電話、家の鍵、ポーチ、ハンカチ、手帳＆ペンで7アイテム。あと1つ、文庫本やノートなどに絞って。必要最低限のものだけを入れるのがカギ。

携帯電話の充電コードやイヤホンは専用のコードホルダーやクリップでまとめて

〈 持ち物 1 〉

1カ月使っていないものは取り出す

バッグ整理の3ワザ！

1 念のためのものを入れない

「念のために入れているけど、実際はほとんど使わない」というものは思い切ってバッグから出しましょう。

2 使用頻度を考える

使用頻度の低いものをいつもバッグに入れておくのはスペースと労力のムダ！ 入れっぱなしにするのではなく、必要なときだけ持つようにしましょう。

3 アイテムの力を借りる

バッグインバッグ
コードホルダー
バッグインボード

ごちゃごちゃしがちな小物類は、バッグインバッグやポーチに入れて。整理アイテムを活用しましょう。

POINT 1
「困ったらコンビニで買える！」くらいの余裕を持とう

「もしかしたら使うかも…」と思いがちですが、たいていのものはコンビニで手に入ります。考え方を切り替えるのも大切。

GOOD ITEM!

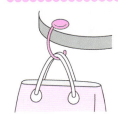

バッグハンガーを忍ばせればどこでもかけられる

外出先の飲食店などでバッグを置くスペースがなくて困ったことはありませんか？ そんなときは、持ち運び式のバッグハンガーがあれば安心。机などに置くだけでバッグをかけられます。

ポケットティッシュはバッグの中にたまりがちなので要注意！

お仕事バッグは6つの キーワードで選んで！

デザインや素材の好みも重要ですが
お仕事バッグだからこそ押さえておきたいポイントも。

1 両手がフリーになるとスマート

電話をしながらメモをとったり書類を見たり。ビジネスシーンで使うには、両手が空くバッグが便利。肩かけができるタイプを選びましょう。

2 軽くて丈夫、汚れにくい素材

通勤バッグは毎日使うもの。想像以上に傷みやすいので、長く使えるものかどうか、傷や汚れがつきにくいかどうかも見極めて選ぶことが大切です。

3 ポケットがあって床置きしても大丈夫

外側・内側の両方にポケットがついたタイプだと小物の収納に困りません。また、床に置いたときも形をキープできるものがおすすめです。

仕事がはかどるバッグを選ぼう！

スカーフやチャームで自分らしくオシャレに！

ワンポイントのアクセサリーをつけかえるだけで印象を変えられます。

すっぽり！

A4サイズがすっぽりと入る！

書類を入れる必要があるのでA4サイズが無理なく入ることが絶対条件。一見入りそうでも、ファスナーが邪魔をすることがあるので要注意！

さりげない色味で大人らしい

派手な色は避け、パステルカラーや落ち着いた色合いを選びましょう。ただし、真っ黒のリクルートバッグは就活生のようになるので気をつけて。

プライベートでも使える

仕事でもプライベートでも使えるものを選んでおけば一石二鳥。通勤ファッションにも私服にも合わせやすいシンプルなデザインが◎

底板がしっかりとしていて、鋲（びょう）がついているバッグがおすすめ

〈持ち物 1〉

メイクポーチはあえて小さめにする

ポーチを美しく保つ 3つのポイント

1 小さめのポーチをデザイン重視で選ぶ

持ち物を少なくするコツは、入れものを小さくすること。入る分だけを厳選して。

2 家用と持ち歩き用は別にする

メイク道具すべてを持ち歩くのではなく、メイク直しに必要なものだけを入れましょう。

3 多機能アイテムを選ぶ

リップにもチークにも使えるアイテムなど、多機能コスメを選べばスリム化できます。

ADVICE

汚れたポーチや古い化粧品は今すぐ捨てて！

古くなった化粧品やポーチをいつまでも使っていませんか？ キレイになるためのメイク道具が汚れていては台無し。見るたびに気持ちが上がるものに買い替えましょう。

こんなポーチを選んで！

1章 〉持ち物と身だしなみの整理

- ポケットつきで小さなアイテムを探しやすい
- リップクリームなどは取り出しやすいよう別に
- 見るたびにテンションが上がるデザインに
- 汚れが目立ちにくく手入れしやすい素材
- メイクアイテムの量、形にぴったりの大きさ

☕ 月に1回は中身を出してお手入れを！

メイク道具やポーチは汚れやすいので、月に一度は中身をすべて出してお手入れしましょう。もう使っていないメイク道具など、余分なものが入っていないかも見直して。

 メイクポーチは人にいつ見られても恥ずかしくない状態に保って！

週に1回は中身をすべて出してみて！

買いもののときは時間がなくて、お釣りやレシートをとりあえずお財布に突っ込んでしまう…ということも多いはず。週に一度は中身を整理する習慣を身につけて。

持ち物 1

お財布に不要なものをため込まない

お札はそろえて入れる

お財布にいくら入っているかひと目見てわかるように、お札は種類と向きをそろえて入れましょう。

お財布は常にキレイに

お気に入りのキレイなお財布にすると、キレイに整えるモチベーションがアップ！

1章 持ち物と身だしなみの整理

不要なカードをCHECK!

- [ ] 有効期限の切れたもの
- [ ] 1年以上使わなかったもの
- [ ] ポイント還元率が低いもの

🎀 ポイントカードは最小限に

薄いポイントカードも、たくさん集まるとお財布を重くする原因に。ときどき見直して、使用頻度が低いものは思い切って捨てましょう。

🎀 小銭はなるべく使い切る

小銭がたまるとお財布がパンパンに！ 会計時は、なるべく使い切る気持ちで細かい端数も出して。

🎀 領収書は専用の入れものを用意する

仕事上の領収書や、自分の家計管理のためにとっておきたいレシートは、専用の入れものを用意してお財布にはためない！

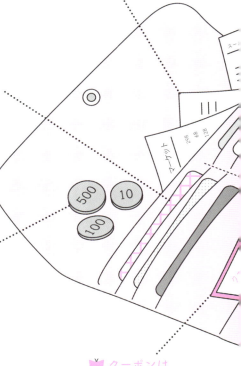

🎀 クーポンは有効期限を確認

期限切れのものをいつまでも持ち歩いてた…なんてことがないよう定期的にチェックして！

POINT
少し背伸びして憧れのブランドを持ってみて

バッグだと手の届かない高級ブランドも、お財布なら手が届きます。自分をランクアップさせるために、憧れのブランドのものを持つとよいでしょう。

あえてメイン財布と小銭入れを別々にするのもおすすめ

旅行バッグで旅の快適さが決まる！

〈持ち物 1〉

やみくもに詰め込むと
→ ものを探せない

NG

- パンパンで一度開けたら閉まらない
- 必要なものが奥にいってしまい取り出しづらい
- 何が入っているかすぐわからない
- 衣類がしわになる

必要なものが見つからずストレスフルな旅に

中身がぐちゃぐちゃなのはきちんと荷造りができていないから。思いついたものからバッグに放り込んでいませんか？ 荷物が取り出しづらいだけでなく、本当に必要なものを詰め忘れるなんてことにもなりかねません。

1章 持ち物と身だしなみの整理

♥ パッキングしておけば
↓
荷ほどきもラクラク

- 頻繁に使うものは上に入れる
- 小物類は中身がわかるよう透明の袋に入れる
- パジャマ、下着などそれぞれ分けてパッキングする
- 軽くて肩や背にかけられるデザイン
- 宿に着くまでに不要なものは奥に入れる

GOOD ITEM!

風呂敷に包めば
かさばる衣類もコンパクトに

衣類は下着、着替えなどに分けて風呂敷に包むのがおすすめ。そのまま取り出して部屋に備えつけの引き出しなどに収納できるので荷ほどきが簡単です。

飲み物や買ったお土産も入るように収納の1〜2割は空けておきましょう

身だしなみ 1

冠婚葬祭用の小物はひとまとめに

バッグに入れてしまうと便利

普段は使わない冠婚葬祭グッズ。いざ必要なときになって、「白いハンカチはどこだっけ？」「数珠はどこにしまったんだろう？」とあちこち探しまわらなくてもいいように、必要なものをすべてひとまとめにして冠婚葬祭用のバッグにしまっておけば慌てずにすみます。

ふくさ

ご祝儀や香典はふくさに包むのがマナー。慶事には赤系の色、弔事には青系の色、どちらにも使えるのは紫色です。

バッグ

目立つ金具などがなく、光沢が少ない黒のフォーマルバッグなら慶弔どちらにも使えます。慶事にはコサージュなどをつけても◎

ハンカチ

ハンカチは、慶事には白、弔事には白または黒が基本です。どちらにも使える白い無地のハンカチを用意しておきましょう。

数珠

一連のものは宗派を問わず使えます。色や素材はとくに決まりはありません。専用の袋などに入れてしまっておきましょう。

これだけは用意しておこう

冠婚葬祭 基本の服装

結婚式

● 服
ひざが隠れる丈のワンピースドレスがベスト。白色はNG。ショールなどを羽織って露出は避けましょう。

● アクセサリー
パールのネックレスや小さめのコサージュで上品に。ティアラや生花は花嫁とかぶるので向きません。

● 靴
ミュールやサンダルなどつま先やかかとが出るものはマナー違反。シンプルなパンプスがおすすめです。

通夜・葬式

● 服
ワンピースと上着がセットになったアンサンブルタイプのブラックフォーマルを用意しておきましょう。

● アクセサリー
真珠のアクセサリーのほか、黒曜石など黒色のものが使えます。ネックレスは必ず一連のものにしましょう。

● ストッキング・靴
ストッキングは黒色を。厚手のタイツや網タイツは避けましょう。靴は飾りのない黒パンプスが基本。

お通夜にかけつけるときは黒やグレーの平服でも大丈夫

〈 身だしなみ 1 〉

通勤ファッションは清潔感がポイント

OK

- 明るく健康的に見えるメイク
- アクセサリーや時計はシンプルでキレイめなデザイン
- 長い髪はオシャレにまとめて
- 落ち着いた色合いの服だと印象アップ
- 5cmまでの低めのヒールのパンプス
- スカートはひざ丈またはミモレ丈

こんな格好はNG！

✘派手な色・柄のもの
ビビッドカラーや目立ち過ぎる柄物は控えて。派手に見えない上品スタイルを目指しましょう。

✘カラダのラインが出る
胸やヒップのラインが強調されるタイトな服は避けて。胸元や背中の過度な肌見せもNGです。

34

メイク

派手過ぎるのはNGですがナチュラル過ぎるのも×。口元や目元など強調するポイントを絞って、明るく健康的に見えるメイクを目指して。

髪型

すっきり見えるアップやハーフアップスタイルがおすすめ。アレンジを加えて変化を楽しんで。

アクセサリー

同じ服でもアクセサリーで印象は変わります！小さめのもの、少し長めのものなどをそろえて。

トップス

座っているときも視線を集める上半身は、できるだけシンプルに。毛玉やシミがないかもチェックして、清潔感を常に心がけましょう。

靴

ヒールは5cmまでの低めのものが歩きやすくて◎。職場に着いてから履き替えるのも手。

ボトムス

パンツスタイルなら、足首を見せると美脚効果あり。センタープレスが入ったタイプで選ぶとさらにキレイめスタイルになります。

オフィス or バッグに常備しておきたい4アイテム

黒や紺のジャケット
急なアポイントが入ったときも、黒や紺のベーシックなジャケットがあれば安心。きちんと感を出せます。

折りたたみ傘
朝は晴れていたのに帰宅時には雨。そんなとき、折りたたみ傘があればビニール傘を買わずにすみます。

ストッキング
気をつけてもいつのまにか破れていることがあるストッキング。予備を持っておけば慌てなくて大丈夫！

カーディガン
冷えは女子の大敵！ カーディガンがあれば温度調節もラクラクです。冷え性の人はひざかけも忘れずに。

大判のストールを1枚置いておくと、さっと羽織ったり、ひざにかけたりと便利

お天気別対策ポイント

雨の日

ステキなレインシューズ
レインシューズで水たまりも怖くない！ いわゆる長靴でなく、晴雨兼用できるものが増えています。

髪はオシャレにまとめて気分もアップ！
湿気でヘアスタイルが決まりにくい雨の日は、アップスタイルにまとめてしまえばラクチンです。

すその長い服は避ける
すその長いパンツやスカートは泥や水で汚れる可能性大。丈が短めで、汚れが目立ちにくい色を選んで。

防水スプレーを活用する
靴やコートは防水スプレーで濡れるのを防ぎましょう。クリーニング店の撥水加工を利用するのも◎

お気に入りの傘を持つ
気分が沈みがちな雨の日だからこそ、お気に入りのデザインの傘を持ってテンションアップ！

気分を上げるアイテムを持とう

寒い日

🎀 重ね着で温度調節
厚手の服を着込み過ぎると、温度調節ができなくなるので、薄手を何枚か重ね着して脱ぎ着して調節を！

🎀 シルクの下着
寒い季節には、シルクの下着がおすすめ。保温性が高くて肌にしっとりとなじんで着心地も抜群です。

🎀 つま先にカイロを貼る
足の冷えには、つま先用のカイロが効果的。靴下に貼るタイプと靴の中に入れるタイプとがあります。

暑い日

☕ 汗取りシートを使う
汗ジミの防止には、制汗剤だけでなく、服に貼る汗取りシートや汗取りパッドつきのインナーも利用して。

☕ 冷却スプレーをかける
服にかけて使うタイプの冷却スプレーなら、ひんやり感が1～2時間持続するので通勤時にぴったり。

☕ 日傘＆サングラスで オシャレにUVカット
紫外線対策は必須。性能はもちろん、ファッションにもこだわってオシャレに見えるものを選んで。

手袋は、はめたまま操作できるスマホ対応型を選んで！

2章

手帳とスマホの整理

- 手帳
- スマホ
- 写真と動画
- アプリ
- など

社会人になったら必須アイテムとなる手帳、そして今や持つのが当たり前のスマホ。でも、この2つのアイテム、ただ持つだけで満足していませんか？ 手帳はただ決まった予定を書くだけ、スマホは画像やアプリでごちゃごちゃ…。そんな使い方はもったいない！ 整理と活用のコツを知れば、毎日がもっと輝きます。オトナ女子向けおすすめアプリも紹介！

手帳 2

「予定を書くだけ」ではもったいない！

💔 予定が書いてあるだけ
↓
時間の整理ができない

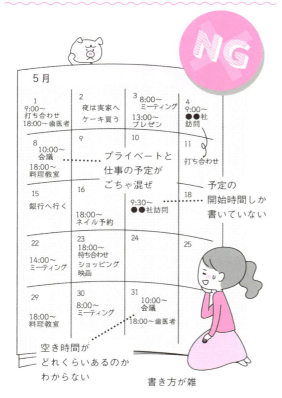

NG

5月

- 1 9:00〜打ち合わせ / 18:00〜歯医者
- 2 夜は実家へ ケーキ買う
- 3 8:00〜ミーティング / 13:00〜プレゼン
- 4 9:00〜●●社訪問
- 8 10:00〜会議 / 18:00〜料理教室
- 11 打ち合わせ
- 15 銀行へ行く
- 16 18:00〜ネイル予約
- 18 9:30〜●●社訪問
- 22 14:00〜ミーティング
- 23 18:00〜待ち合わせ ショッピング 映画
- 29 18:00〜料理教室
- 30 8:00〜ミーティング
- 31 10:00〜会議 / 18:00〜歯医者

プライベートと仕事の予定がごちゃ混ぜ

予定の開始時間しか書いていない

空き時間がどれくらいあるのかわからない

書き方が雑

スケジュールを書くだけでは×

予定の開始時間と場所をメモするだけではダメ！ その予定にどのくらいかかるか、次の予定の場所へ移動する場合の所要時間なども書きます。プライベートと仕事の予定がぐちゃぐちゃになっているのもNG。色分けしたり、書くスペースを区切ったりしましょう。

40

♥ 時間軸に沿って予定が書いてある

自分時間を大切にできる

手帳を使って時間の管理を

仕事で大切なのは「自分時間」と「他人時間」の整理。会議や打ち合わせなど、ひとりでは決められない他人時間をやみくもに入れてしまうと、自分の仕事をする時間がこまぎれにしかとれなくなります。手帳にはToDoリストも書き入れて、常に仕事の整理を心がけて！

オトナ女子にとって時間は大切な財産！手帳で上手にやりくりを

手帳に書くべき5つの内容を知っておこう！

プライベートの予定は色ペンやシールを使って
ひと目でわかるようにしよう。

１ スケジュール

スケジュールを書くときは、開始時間と終了予定時間に加えて、場所、内容、誰との約束かなど5W（いつ、誰が、どこで、何を、どんな内容か）を意識して書くようにします。移動時間を書いておくとベスト。

２ ToDo

やらなければならないこと、つまりToDoリストもぜひ手帳に書いて。ToDoリストには期限と所要時間も書いておくと、スケジュール管理に役立ちます。やり終えたらチェックするのも忘れずに。

2章 手帳とスマホの整理

③ 気づいたことのメモ

仕事でもプライベートでも気がついたことや気になったことがあったらメモをするクセをつけましょう。メモをするときは、必ず日時も一緒に書きます。後から見直したときにわかるように詳しく書いて！

④ 記録

食べたものや毎日のファッション、体重など、手帳に記録を書くのもおすすめです。旅行に行ったときに立ち寄った場所や食事などをメモしておけば、後から思い出すときのツールとしても役立ちます。

⑤ 目標

今月の目標、今年の目標、将来の目標…というように、月日を区切って書いておきましょう。たとえば将来家を買うという目標があるなら、いつまでにいくら貯めるなど、逆算した目標を書くのもおすすめです。

毎日仕事を始める前に手帳を見直して、頭を整理して！

手帳 2

手帳は"選び方"が大事！

よく使われる3タイプ

☕ マンスリータイプ
→ 予定があまり多くないない人や
長期間の予定を書き込みたい人

5月						
1	2	3	4	5	6	7
8	9	10	11	12	13	14

☕ 週間レフトタイプ
→ 毎日の時間管理をしっかりしつつ
フリースペースもほしい人

5月	
1日	
2日	

☕ 週間バーチカルタイプ
→ 1日の時間の流れを
ひと目でわかるようにしたい人

5月	1	2	3	4	5	6	7
6 7 8 9 10							

> **ADVICE**
>
> おすすめのサイズは？
>
> 手帳には文庫本サイズ(A6)、単行本サイズ(B6)、教科書サイズ(A5)、ノートサイズ(B5)などがあります。持ち運びを考えて重過ぎず大き過ぎないものが便利です。

表紙デザインも大事だよね！

こんなタイプも！

週間ホリゾンタルタイプ

→ 1週間をひと区切りで管理したい人

1週間が左ページに4日、右ページに3日と分けられています。

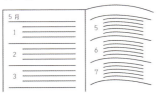

週間ブロックタイプ

→ 毎日のToDoをしっかり書きたい人

見開きで8マスに分かれているタイプはToDoや日々の記録を書くのに便利。

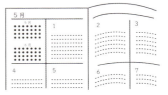

1日1ページタイプ

→ 毎日の出来事を記録したい人

1日のスペースが広いので、手帳を日記代わりにしたい人向き。

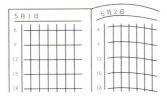

ガントチャートタイプ

→ 複数の案件を同時進行している人

縦軸が項目、横軸が日程となっていて、並行する予定がひと目でわかります。

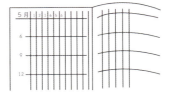

POINT

手帳のスタートは1月、4月、7月

手帳の開始月はいくつかあります。元旦から気持ちを切り替えたいという人に向いているのは1月始まりのもの。学校や仕事が年度で切り替わる人は4月始まりの手帳が便利。夏休み明けから気分を切り替えたいという人には9月向けもおすすめです。

システム手帳は、中身を取り替えればずっと使える一生もの！

〈手帳2〉 プライベートメインはマンスリータイプ

▶ 仕事とプライベートを2段に分ける

1日の枠を上下に区切り、仕事の予定とプライベートの予定を分けて書くのもおすすめ。上下に分けることで、ダブルブッキングを防ぐことができます。

▶ 色分けや線で囲んでかわいく！

予定の種類ごとに色分けしたり、シールを貼ったり、イラストを描いたり。楽しく見せる工夫を！

▶ 未来の予定はふせんで書き込んで

まだ本決まりになっていない予定はふせんに書いて貼っておきます。こうすると変更になった場合も、簡単に手直しできます。矢印マークのふせんなど、遊びゴコロあふれるふせんをいろいろ用意するのも楽しいですね！

🎀 シールやスタンプなどで楽しく！

手帳はいろいろ飾ればより楽しくなります。シールやスタンプのほか、マスキングテープを使っても！ メリハリが出て見やすくなります。お気に入りのアイテムを探しましょう。

5月

1	2	3	4
		♥ デート	
8 新刊購入	9 ミーティング 9:30〜	10 ●●社 9:30〜 商談	11
15	16 お母さん バースデイ	17	18 挨拶まわり 9:30〜
22 ♥ デート	23 出張準備	24 出張	25
20	30 傘持って行く	31	

memo ・○○銀行へ書類提出
　　　・サロンの予約
　　　・実家に帰る

🎀 欄外にはその月の予定を あらかじめ書いておく

その月にやっておいたほうがいいこと、出費の予定（車の保険代など）、日時は決まっていないけれどありそうな予定などを書いておいて。

POINT

書き入れる予定が少ないならマンスリータイプで十分！

大き過ぎる手帳はかさばるのであまりおすすめできません。仕事がルーティンワークで、手帳に書くことがあまりない人はマンスリーのみの手帳で十分かも。マンスリータイプの

よさは1カ月が見開き1枚で見渡せること。しかも薄くて軽いので持ち運びしやすいのもメリット。マス目の大きさは自分の好みで選びましょう。

休日を蛍光ペンで囲むと、仕事と休日がハッキリ区別できて気持ちにメリハリが！

フリースペース重視なら週間レフトタイプ

〈手帳 2〉

日記のように利用してもOK

スケジュールが左側、右側がフリースペースになっています。フリースペースの使い方は自由！ メモの管理もできるのでタスク管理がしやすいのがメリット。日記代わりに活用しても。

日　今日のヘアサロンの新しい担当〇〇さん、

話しやすくておまかせできる感じ！

スタイルの提案も斬新でおもしろい！

Oリスト

本を読む　　　　　　　（4）常備菜を3品つくる

洗車する　　　　　　　（5）腕時計の電池交換に行く

夏物カットソーを探す　（6）クリーニング引き取り

月映画を一本観る！！
刊発売日（5月11日）

ToDoリストは☑で管理する

タスク管理の仕方として、右側のフリースペースをToDoリストとして活用するのもおすすめ。終えたことは必ずチェックをします。

思いついたことを書くスペースにも

いいアイデアや気づきも、忘れてしまったら元も子もありません。右下に覚書スペースを作っておくと、備忘録にもなりますよ。

48

2章 手帳とスマホの整理

1日の予定がわかるような書き方を！

午前の予定なら左端、昼過ぎは真ん中、夕方から夜にかけては右というように、時間がわかるような書き方をすると予定を把握しやすい。

5

	6 7 8 9 10 11 12 13 14 15 16 17 18 19 20 21 22
1	全体ミーティング　　　　　　アサロン
2	挨拶まわり
3	●●社へ打ち合わせ　社内会議　　○○さんと食事
4	研修
5	映画／ショッピング
6	歯医者／実家へ
7	カフェ巡り　　　　　コンサート

プライベートは色分けしてしっかり区別する

仕事の予定をメインで書いていくと、プライベートの予定が埋没しがち。プライベートの予定は蛍光ペンで囲むなど、目立たせる工夫をすると混乱しません。

POINT

フリースペースはライフスタイルに合わせて活用！

週間レフトタイプの一番の魅力は、右半分のフリースペース。どう使うかはあなた次第です。タスク（やるべきこと）だけでなく毎週の目標を書き込んで、達成できたかどうかをチェックしたり、会議のメモをとって見直したり。左の日程部分にはシンプルな予定のみを書き込み、右に補足説明を書くといった使い方もOK。デキる女を目指して！

終了したスケジュールやタスクは蛍光マーカーで塗りつぶすと達成感！

〈手帳2〉時間管理したいならバーチカルタイプ

🚩 予定を書けば自分のための時間もわかる

バーチカルタイプの一番のメリットは1日の時間の流れを把握できること。予定を書けば、すき間時間も見えてきます。

5日	6日	7日
	温泉旅行	温泉旅行
	●●駅集合	チェックアウト
	10:15 発	
	観光	ランチ予約
●●店応援	チェックイン	
備医者	ディナー	●●駅 19:45 発
備菜を3品つくる		
ーニング引き取り		

キリッ

🚩 ToDo を欄外に書き込む

日々の ToDo リストを欄外に書き出し、毎日のタスク管理をしましょう。バーチカルタイプなら所要時間も一目瞭然なので、仕事の効率化に役立ちます。

2章 手帳とスマホの整理

時間の使い方がうまくなる手帳だね！

🚩 色分けしてもよい

会議は青、プライベートの用事はオレンジ、デスクワークは緑というように、スケジュールの内容に合わせて色分けするのもおすすめ。

5月

	1日	2日	3日
6			
7			
8			
9	打ち合わせ		会議
10			
11			プレゼン準備
12		ランチ	
13	挨拶まわり		社内プレゼン
14		ミーティング	
15			
16			
17	引き継ぎ		
18		勉強会	
19			ヘアサロン
20			
21	□リストアップ作業を終える！		□洗車する

🚩 その週の目標を書き込む

バーチカルタイプの手帳には欄外に ToDo リストや目標を書き込むスペースがあるものも。地図やメモなどを書いても OK。

POINT

「自分時間」と「他人時間」の管理にとても便利！

スケジュールには自分ひとりの予定と、誰かが介在する予定があります。前者を自分時間、後者を他人時間とすると、後者のほうが自由度が低いですね。とはいっても、相手に言われるがままにスケジュールを入れていくのではなく、ある程度まとまって自分時間をとれるよう、調整を工夫しましょう。バーチカルならそれがしやすいです。

自分の時間を大切にできる人は、他人の時間も大切にできる人です

手帳でできる時間管理術

〈手帳2〉

ありがちなミスの予防ワザ

1
予定が決まったらすぐに書く

スケジュールにまつわるミスの一番の原因は「書き込むのを後回しにする」こと！ すぐに書かないから忘れるし、情報を間違えるのです。

2
1日に何度か手帳を見直す

予定を書いたからといって安心してはダメ。仕事を始める前、ランチの後というように時間を決めて確認するようにしましょう。

3
逆算スケジュールを書く

時間通りに目標を達成できないのは読みが甘いから。予定は締切から逆算して書き込むようにすると、「時間切れでできない！」を防げます。

4
自分だけの仕事の時間も書く

デスクワークなど自分ひとりで行う仕事の時間もしっかり確保して。自分時間をきちんと取ることでスケジュール通りに仕事ができます。

ADVICE

手帳をまとめる時間を持とう！

手帳は書きっ放しではダメ。タスク管理や目標達成のために、空き時間に見直して。わかりやすく書き直したり、色分けしたりして整理しましょう。

スケジュール管理はひとつのツールで

卓上カレンダー　　　手帳　　　スマホ

予定を書き入れるツールが複数あると
ミスが起きやすい！

① 転記ミス
② 書き忘れ
③ 見忘れ

予定はひとつにまとめることでミスがなくなります。デジタルを使いつつアナログの手帳を手放さないという方もよくいますが、基本はひとつにしぼりましょう。

自分時間の確保に手帳を使う

どんな人でも1日は24時間。1日の時間は増えませんが、使い方で差がでます。たとえば、15分ずつ3回に分けて時間を取るより、45分まとめて仕事をしたほうが能率が上がります。手帳を使って、なるべく予定をまとめて時間の整理を心がけ、自分時間を確保しましょう。

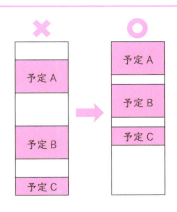

予定を聞かれて「いつでも大丈夫です！」と答える前に、ちょっと考えて！

〈手帳 2〉 毎日がもっと充実！オススメ手帳術

マンスリータイプは使い道が無限大！

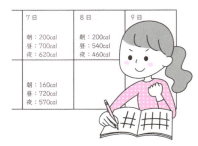

マンスリーとウィークリーの両方がある手帳はテーマを決めて使い分けて。

🎀 食事日記

毎日食べたものを記録してみては。レコーディングダイエットにも使えますし、外食したお店のメモにもなって◎

🎀 コーディネート

むだな服、よく着る服を把握するためにも、日々のコーディネートを記録しましょう。買うべきアイテムもわかる！

🎀 マネー日記

使ったお金を記録しましょう。書くことで無駄使いも減らせます。お財布の残高も書いておけば家計簿替わりに。

🎀 ダイエット

日々の体重を記録します。万歩数計を使って歩行数を一緒に書くのもおすすめ。1週間、1カ月の目標も立てやすい。

ADVICE

筆記用具にもこだわって

書き心地がよいものが一番！ 耐水性があるものは上からマーカーを引いてもにじまないのでおすすめ。

こんなペンをCHECK!

- ☐ 書きやすい
- ☐ 細い／消しやすい
- ☐ クリップつき
- ☐ 素敵なデザイン

フリースペースにはどんどんメモしよう！

- 気になるお店に行った感想
- 読みたい本
- 読んだ本の感想
- お得な情報
  （〇日までキャンペーンなど）
- 行ってみたい国
- 思いついた目標
- ほしいものリスト
- 習いたいお稽古候補

など

GOOD ITEM!

ファスナーポケットをつけて切手やポチ袋を収納！

リング式のシステム手帳にファスナーポケットをつけておけば、切手や封筒を持ち歩けます。名刺やミニ定規、ふせん、予備のお金なども入れておけば、いざというとき困りません。

友達やお世話になった人の誕生日などもぜひ手帳に書き込んで

手帳をもっとかわいく！
10のアレンジ

モチベーションをアップさせる
ちょっとしたアイデアを紹介します！

② 蛍光ペンで色分け

蛍光ペンを使うなら、色味のやさしいものがおすすめ。イラストに色をぬるときにも使えます。

① イラストをプラス

定番の予定はイラスト風に描き込めばかわいくなります。たとえば旗を描き、そこに時間を書くだけでもOK。

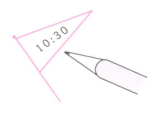

④ シールをポイントに

星やハートなどのシールを常時携帯。残業の日は星、デートの日はハートというように使い分けて。

③ スタンプを押す

記号や数字のスタンプを用意。月初に決まっている予定をスタンプを使って書き入れます。

⑥ 数日にわたる予定はマスキングテープ

数日にわたる予定は細めのマスキングテープを貼れば、期間がひと目でわかります。

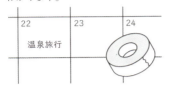

⑤ かわいく縁取り

「Aさんとランチ」と書くだけでなく、そこをかわいく囲んでみて。それだけでオシャレな雰囲気に。

⑧ 写真を貼る

写真をシールにできる専用アプリをダウンロードすれば、スマホに保存している写真をシールにできます。

⑦ かわいい形のふせんを使う

予定の種類で色分けしたり、吹き出しのように使ったり。かわいい形に切りぬいて使ってもいいですね。

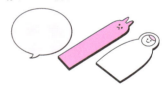

⑩ アイコンを使う

「会社」「お茶する」「映画を観る」などのよくある予定をアイコンに。手帳がぐんとかわいくなります。

⑨ ふせんをメモに活用

日時が未定の予定や覚書はふせんにメモ。スケジュールが変更しても簡単に貼り直せて便利です。

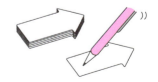

ミニスタンプをそろえておくと、手紙やメッセージカードにもかわいく活躍！

手帳 2

アナログ vs デジタル どっちがいい？

アナログ手帳

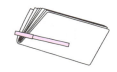

●メリット
・電話をしているときなどにパッと開いて すぐに書き込める
・大きさやカバーデザインを自由に選べる
・自分が見やすいように自由にカスタマイズできる

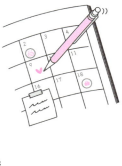

▲デメリット
・数年前の予定までさかのぼれない
・書き込めるスペースに限りがある
・予定が変わったときに変更しにくい

過去の予定を振り返りたいならデジタルが便利！

> **未来の予定は消せるペンやふせんで**
> 変更の可能性がある予定はあらかじめ消えるボールペンやふせんに書けば、簡単に直せます。デジタルに比べて、書くことで記憶に残るというメリットも。

デジタル手帳

●メリット

- 予定の30分前などに音やメール通知で教えてくれる
- 書き直しが簡単
- スペースを気にせず、いくらでも書き込める
- 日、週、月それぞれの形で見られる
- 予定を1回書き込めばすべてに反映される
- データを共有しやすい

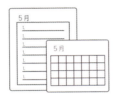

「なくしてもバックアップされて便利！」

▲デメリット

- 手帳を開くまでに時間がかかる
- 人前で開きにくいことも
- 突然使えなくなる危険性がある

年配の人からは誤解を受けることも！

スマホをいじっていると、ゲームなどで遊んでいるように見られるというデメリットが。いわゆるお堅い職業の人はアナログ手帳のほうが無難かもしれません。TPOが大切ですね。

決論 → ライフスタイルや仕事の内容でセレクトしよう

アナログかデジタル、どちらを使うかはあなた次第。自分に合う選択を

スマホ2

スマホ整理で格段に便利に！

スマホを整理せず使っている
↓
空き容量がなく、動作が遅い

デスクトップがぐちゃぐちゃ

NG

アプリの更新をしていない

大量のブックマークが保存されている

いらないアプリがそのままになっている

情報を探すのに時間がかかる！

必要のないアプリを入れてそのままにしている、写真や動画を撮って整理していない…。スマホは整理していないとすぐに容量がいっぱいになってしまいます。よく使うアプリはホーム画面に置く、用途別にフォルダ分けするなど、常日頃から整理を心がけましょう。

♥ スマホを定期的に整理している
↓

空き容量があり、サクサク動く

- いらないアプリはすぐにアンインストール
- キャッシュを定期的に消去している
- まめにアプリを更新している
- 使い勝手がいいようデスクトップが整理されている

ちょっとのメンテで便利に使える！

スマホを使いやすくするために重要なのが定期的なメンテナンス。キャッシュ（一度開いたデータをスマホが覚え、開きやすくする機能）を消去する、写真や動画はパソコンなどに移す、アプリは必要なものを絞ってきちんと更新するといった定期的な整理が必要なのです。

ワンタッチでスマホの動作を最適化してくれるアプリもたくさんあります

これでストレスフリー！
スマホの 6 つのメンテナンス

1週間に1回スマホを整理するクセをつけると
使い勝手がぐ〜んとアップしますよ！

1 いらないデータはこまめに削除

写真や動画などを撮りっぱなしにしていませんか？ キャッシュデータもこまめに削除するようにしましょう。

2 アプリを同時にいくつも起動しない

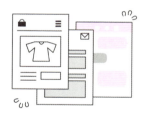

アプリを閉じずに、重複して開いていると電池の消耗が進んで、操作性も悪くなります。起動するアプリはひとつが原則！

3 不要なアプリを削除

ショップで割引になるからとダウンロードしたアプリをそのままにしていませんか？ 不要なアプリはこまめに削除を！

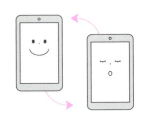

定期的に再起動する

スマホは定期的に再起動しましょう。設定や表示の不具合がなくなって動作性もよくなるのでおすすめです。

アプリの更新を放っておかない

アプリは自動更新設定にしておくと、常に最新バージョンが使えて、セキュリティ的な問題も発生しません。

通信量をチェックする

通信量の上限が決まっている場合は、そこを超えると通信速度制限の対象に。通信量は常に確認しましょう。

POINT
容量の大きなデータをどうする？

Android は SD カードを追加できるので大きなデータはそこに移動できます。iPhone は設定で容量を増やすことが可能。写真や動画をパソコンに移動させて管理するのもおすすめ（詳細は 67 ページ）。

見えないところで動いているバックグラウンドアプリにも要注意！

スマホ 2 　フォルダ管理でホーム画面すっきり！

iPhone

1. アプリのアイコンを長押しする
   ↓
2. 一緒にまとめたいアイコンの上に重ねる
   ↓
3. フォルダができる
   ↓
4. これを繰り返して種類別にアイコンを整理していく

MAIL　SNS　PHOTO　MUSIC

GAME　NEWS　NAVI　SHOPING

Q フォルダ分けしてもどこに何のアプリがあるのかわからない。どうしたらいい？

A 使用頻度の高いアプリを元のフォルダのように配置する

交通系、写真・動画系といったようにフォルダ分けをして、その横にもっとも使用頻度の高いアプリを出しておきましょう。ひと目でそのフォルダが何系なのかわかって便利です。

Android

1. ホーム画面を長押しする
   ↓
2. ホーム画面に空きのフォルダができる
   ↓
3. 空きのフォルダに種類別にアプリを移す

ホーム画面がごちゃごちゃしているのはデキる女じゃないよ！

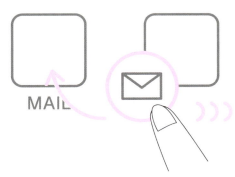

MAIL　　SNS

ウィジェット機能の使い方

ホーム画面を見るだけで、必要情報が得られる

ウィジェットとはホーム画面に追加できる小型化したアプリのようなもの（Androidの場合）。天気や時計、ニュースのほか、検索バーやカレンダーのウィジェットもあります。ウィジェットごとに異なるサイズで表示され、デザイン性が高いのがメリット。なお、iPhoneはiOS8搭載なら、通知センターにウィジェットを追加できるようになりました。

スマホにもともと入っているアプリはそのままにせず、フォルダにまとめてすっきり

スマホの写真・動画はこう整理する

〈 スマホ 2 〉

大量の画像データ、どうすればいい?

手軽に撮影できる反面、どんどんたまってしまう写真や動画。外部サーバーに自動でバックアップされるサービスなどを利用すれば簡単に整理することができます。

ADVICE

まずは残す写真を厳選しよう!

同じような角度でたくさん撮影した写真もあるのでは? すべてを残すのではなく、厳選するクセをつけましょう。

- ☑ ブレ・ボケのある写真は撮影後すぐに削除
- ☑ 同じような角度やシーンは一番よく撮れている1枚にする

66

写真と動画の残し方

❶ クラウドストレージサービスを利用する

オンライン上でデータを保存するサービス。自動的にバックアップしてくれ、時系列に並べてくれるものも。

- Dropbox
- Google フォト
- i フォトアルバム
- Flickr

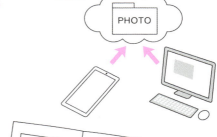

❷ ネットワークプリントで印刷する

インターネットで登録した画像をプリントアウトできるサービス。コンビニのコピー機で簡単にプリント可。

❸ フォトブックで形に残す

パソコンやスマホから簡単に作成することができます。思い出をアルバムに残して、データは整理しましょう。

おすすめアプリ

Google フォトなどのクラウドサービスのほか、毎月1冊無料でフォトブックが届く**ノハナ（nohana）**も便利。

写真や動画を家族で共有する機能も！

「**みてね**」や「**wellnote**」など、写真や動画を家族で共有して見られるアプリもあります。無料＆容量制限でアップロードでき、説明コメントなどを入れることもできます。家族が離れていても子供の成長を近くで感じられますね。

容量がいっぱいになっても思い出は消えなくて大丈夫！ 賢く残そう

iPhone vs Android
どっちが便利？

スマホは iPhone と Android の 2 種類に分けられます。
どちらを選ぶのがよいのでしょう!?

🐦 ケースやカバーは圧倒的に iPhone が勝利

iPhone のほうがケースやカバーの種類は豊富で、選ぶ楽しさがあります。

🐦 カスタマイズ機能は Android が◎

ホーム画面をウィジェットなどで自由にカスタマイズできるのは、Android だけ。

🐦 動作やカメラは iPhone は安定 Android は機種による

Android は機種によって操作やカメラ機能がまるで異なります。買い替え時にやや不便を感じるかも。

POINT iPhone と Android、そもそもの違いは？
基本ソフトを開発した会社が異なります。iPhone は Apple 社、Android は Google です。

主な違いを比較！

	iPhone	Android
OS	iOS	Android
メーカー	Apple	SONY や Samsung など
操作	シンプル	ホームやアイコンをカスタマイズできる
アプリ	多い	iPhone 対応より少ない
価格	高額	機種によって異なる
ウィジェット	通知センターに追加	ホーム画面に追加できる
PCとの連携	iCloud で Mac と連携可	△
microSD	×	使用可能な端末あり
バックアップ	iCloud で対応	Google アカウントなど対応

iPhone と Android どっちがいいの？

どちらがいいということはない！自分の好みで選ぼう

iPhone はどの機種も操作が一定ですが、Android は機種によって異なる、Android には戻るボタンがあるけれど iPhone にはない、などさまざまな点で比較できますが、優劣はなし。ライフスタイルや好みで選びましょう。

自分に合う機種を見つけたいね！

定期的にカバーやケースを替えて、気分一新してみよう♪

〈スマホ 2〉入れておきたい基本のアプリはコレ！

1 ブラウザ

インターネット上のウェブページを閲覧するためのソフト。定番は Safari や Google Chrome など。

2 地図アプリ

目的地を入力すると音声などで丁寧に案内してくれる。**Google Maps** や **Yahoo! マップ**などがあります。

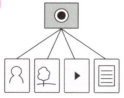

3 画像管理アプリ

撮影した日や場所別に勝手にフォルダ分けしてくれる機能などがある **Google フォト**や **Quick Pic** が便利。

4 スケジュール管理アプリ

定番は **Google カレンダー**や**ジョルテ**など。タスク管理ができるものや着せ替え機能がついているものも。

5 交通系アプリ

Yahoo!乗り換え案内や**乗換ナビタイム**など。乗車駅と目的地を入力するだけで、丁寧に路線や行き方を案内してくれます。

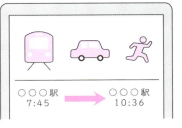

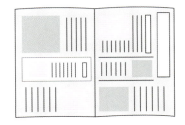

6 ニュース系アプリ

オトナ女子として、毎日の通勤時間にはニュースを頭に入れておきたいもの。圏外でも閲覧できる**スマートニュース**などがおすすめ。

7 音楽・動画系アプリ

Spotifyなどの音楽ストリーミングサービスや、ライブ会場にいる気分を味わえるアプリも。**Magisto**など録った動画を自由に編集できるアプリもあります。

8 メモ＆データ管理アプリ

データ管理アプリは、**Dropbox**などスマホ内部やSDカード内のデータをフォルダごとに視覚化することのできるものが便利。

便利だからといってアプリをなんでも入れると容量オーバーのもと！

ちょっとしたとき便利!
女性向け無料アプリ15

オトナ女子なら入れておくと、
何かと役に立つおすすめアプリをご紹介。

☕ 家計簿をつけたい・・・

マネーフォワード
レシートの撮影だけで自動で項目や店舗が家計簿へ反映され、カレンダーで日々の出費も見返せます。

2秒かんたん家計簿お金レコ
起動したら項目と金額を選び、入力するだけなのでその名のとおり2秒で入力が完了します。

☕ 写真をもっとキレイに撮りたい

Foodie
料理をおいしそうに撮ることのできる写真アプリ。トロピカルやスウィートなどのフィルターがあります。

B612
たくさんの顔認識スタンプや美肌フィルターなどビューティー効果も満載の写真アプリ。

無音カメラ
写真を撮影する際に、シャッター音がしない写真アプリ。レストランなどで音を立てたくないときに便利。

☕ ダイエットに役立てたい

朝はかるだけダイエット
慈恵医大客員教授監修の体重管理アプリ。減量ペースを設定すると、目標線が表示されます。

DNA×ダイエット!GACT
人それぞれで違う肥満遺伝子を調べ、自分にピンポイントで合うダイエット方法を提案してくれるアプリ。

🍵 店選びに役立てたい

Retty
口コミ投稿を基本的に実名で行っているので、信頼できるレビューが多いのが特徴です。

ヒトサラ
人気店・話題店を中心に料理人の顔が見えるお店を15,000以上掲載。女子会のお店選びにも役立ちます。

🍵 今日作る献立を決めたい

DELISH KITCHEN
国内最大のレシピ動画アプリ。管理栄養士、調理師、料理研究家が作ったオリジナルレシピが満載です。

🍵 オシャレに役立てたい

ネイルブック
250万以上のネイルデザインが掲載されているほか、8000店以上のネイルサロンが検索できます。

LOOKS
キレイに盛れるメイクカメラアプリ。トップブランドのメイクをバーチャルで体験することができます。

ファッションコーディネートIQON
200万件以上のコーディネートが載っており、最新のトレンドがひと目でわかります。

🍵 旅行に役立てたい

エクスペディア
航空券、ホテル、現地ツアーを100万件以上の中から検索できます。アプリでお得に予約することも。

RETRIP
旅行・お出かけまとめアプリ。日本の旅行＆観光情報のほか、世界の絶景、話題のグルメまで盛りだくさん。

 同じジャンルのアプリを複数ダウンロードして比較してみるのも◎！

3章

お金の整理

- 口座の管理
- クレジットカード
- 給与明細
- 家計簿
- 貯蓄と投資
- など

社会人になって何年か経つのに、なかなかお金が貯まらない…。そんな悩みを持つ人は、一度「お金の整理」をしてみてください。銀行口座がムダに多かったり、何枚ものクレジットカードを持っていたりしていませんか？　毎月何にいくらまで使ってよいのか、月の貯蓄額はいくらにすればよいのか、ボーナスはどう使うかなど、改めて見直してみましょう。

お金 3 〜 お金が貯まるのはどんなお財布？

💔 カードや小銭がぎっしりで
いくら入っているか不明
↓
ムダづかいしがち

NG

- ところどころ黒ずんでいる 古くて雑に扱ってしまいがち
- カードやクーポンがいっぱい
- 小銭でパンパン
- 今月いくら使ったかわからない
- お財布の中がぐちゃぐちゃ

「お金への姿勢」が表れる

お財布の中はレシートでパンパン。今、いくら入っているかもわからないし、カードやクーポンもどんどん増えていくけど大切なときに探せない…！　そんな整理されていないお財布では、お金の管理もルーズになりがちで、いつまで経ってもお金が貯まりません。

♥ カードは最小限で現金も
きちんと把握している
↓
お金が貯まる

カードは最小限しか持たない

今いくら入っているかわかっている

すみずみまでキレイ！丁寧に扱いたくなるお気に入り

今月いくら使ったかだいたい把握している

すっきり整理整頓されている

お財布を開くたびに気分が上がる！

きちんと整理されたお財布ならお金の出入りをきっちり把握できます。現金がいくら入っているか、本当に必要なカードは何かもわかっています。きちんと整理されていて、開くたびに背すじがピンと伸びるようなお財布だと、必要以上にお金を使うことはありません。

 病院の診療カードや定期券などは別に持ち歩くのが◎

〈お金 3〉何に、いくらまで使っていいの?

固定費と変動費で考える

「毎月決まった金額の出費」「必ずかかるけれど変動する出費」「月ごとに変わる出費」の3つに分けて考えます。

収入	割合
家賃	2~3割
保険代	0.5割
光熱費・通信費	1~1.5割
食費	2~2.5割
日用品など雑費	
娯楽費	2割
被服費など	
貯金	1~2割

毎月決まってかかるお金

金額が決まっているお金
=
家賃、保険など

毎月かかるけれど金額が変わるお金
=
光熱費、通信費、食費、日用品費など雑費

月によって発生するお金

貯金、娯楽費など

被服費や娯楽費は必ずかかるお金ではありません。節約すれば貯金を増やすことが可能。

毎月の使い道を整理！
固定費を減らせば貯金は増える

余ったお金で貯金は×
貯金を固定費に組み込む

収入から毎月決まった金額を貯金すると決めて。残ったお金で生活するという感覚が大切です。

光熱費や通信費の基本プランを見直す

毎月かかっている電気代や通信費などは、基本プランを見直すだけで節約の効果が絶大。がんばる必要もなし！

食費や被服費、娯楽費に「枠」を決める

被服費や娯楽費といったお小遣いをあればあるだけ使うのはダメ。毎月の上限をきちんと決めましょう。

使い過ぎないために必要なのは自分がいくら使ったかを把握し、お金の出入りを整理すること！

> **ADVICE**
> お金をかけるところをひとつに絞る
> 今月は思い切って化粧品をまとめ買いする、来月は楽しみにしている舞台を良い席で観るなど、毎月お金をかけることをひとつ決めてみて。ストレスなくお金を貯められます。

節約のために楽しみを我慢しないで！

医療保険や生命保険などは生活に合わせて見直して、最小限の出費に！

自分の「かかりつけ銀行」を持つ

〈お金 3〉

お金が貯まる通帳のルール

1. 口座は貯金用と支払い用のふたつ
2. 銀行は1行だけ
3. 総合口座で管理
4. 引き落としもひとつの口座から
5. 休眠口座は解約

総合口座でできること

普通預金と定期預金をひとつの通帳にまとめた口座のことを総合口座といいます。引き落としなどで普通預金の残高が不足したら、定期預金を担保として自動で借り入れできます。普通預金から自動で積立できたり、金融機関によっては外貨預金や投資信託、住宅ローンなどと連動させたりすることも可能です。

> ▶ かかりつけ銀行は
> メガバンク or 地方銀行？
>
> 会社員なら、給与の振込口座をメインバンクにするのが一番。メガバンクにするか地方銀行にするかはあなたの住んでいる地域の利便性で選んで。

かかりつけの銀行の決め方

1 近くに支店やATMがある
職場や自宅のそばに支店やATMがあるかどうかは大切なポイント。ほかの金融機関のATMだと手数料がかかることも。

2 手数料が安い
振り込み手数料などは金融機関によって異なるのでよく調べて。条件次第でコンビニでの手数料が無料になることも。

3 自分の使い方に合っている
ネットオークションをするならネット専用銀行、投資をしたいならメガバンクというように自分の使い方に合わせて。

4 お金の整理がしやすい
インターネットバンキングの使い勝手など、お金の整理がしやすい金融機関を選ぶようにしましょう。

どう違う？ 銀行系金融機関

都市銀行、地方銀行
一般的な銀行。大都市中心で全国展開の都市銀行と地方都市を本拠地とする地方銀行があります。

ゆうちょ銀行
郵政民営化によって生まれた銀行。全国の郵便局でお金の出し入れや振込ができるのがメリット。

信用金庫
地域の発展を目指す扶助組織として誕生した協同組織の金融機関。地域の中小企業や個人が取引先。

信託銀行
銀行業務のほか、信託業務（銀行が顧客の持つ財産を預かって運用し、収益を上げること）も行う。

ネット銀行
パソコンやスマホを経由した振込や入出金に特化した金融機関。24時間365日入出金可能。

 外貨預金をするとATMの時間外手数料が無料になる金融機関も！

口座は貯金用と支払い用のふたつ持つ

〈お金 3〉

普通口座

貯金用口座
給与の支払口座
この口座からの引き落としは一切なし。毎月決まった額を支払い用口座に移すだけです。

→ 決まった額

支払い用口座
使うお金を移す
家賃や光熱費、日々のクレジットカードの引き落としなどあらゆる支払いはこの口座を使います。

‖
キャッシュカードは作らず、決まった金額しか引き出さない！

‖
使えるお金の「枠」を決める！

残ったお金はすべて貨金用の口座に入れる

入金と出金で口座を分けましょう

入金されたお金を簡単におろせないしくみを作ります。給与の振込口座を貯金用の口座にし、キャッシュカードをあえて作らず、金融機関に行かないとおろせないようにします。毎月使うお金の上限を決め、その金額だけを支払い用口座に移して。残りはすべて貯金になります。

COLUMN
ネット銀行にも注目！

ネット銀行は24時間入出金が可能で、振込手数料が安く、預金金利が比較的高め（0.05%〜0.2%など）というメリットが！　その一方、現金の引き出しができるATMが限られているというデメリットも。

POINT
銀行は使い勝手で決める

金融機関を選ぶポイントは金利や手数料のほか、地域性も重要です。都市部は大手都銀のATMがたくさんありますが、地方では地方銀行のATMが中心。住宅ローンを借りる場合などは地銀や信用金庫が有利なことも。

利息が低い今、出金手数料は大きな損。利息よりもコストがかかってしまいます！

〈お金 3〉 オトナ女子なら給与明細を理解して

給与には固定されたものと変動するものがある

給与には基本給や交通費、住宅手当など固定のものと、時間外手当や休日出勤手当てなど変動するものがあります。たくさんもらえた月に合わせて生活のレベルを想定してしまうと、低いときにお金が足りなくなることも！

例（左の明細例だと）
総支給額 277,000 円のうち
　　212,000 円…固定の支給額
　　 65,000 円…変動する支給額

やりくりの予算の基準は低めの収入に合わせて

変動する収入が低いところに合わせると、貯金がしやすくなります。反対に、光熱費など変動する出費は高いところに合わせて「枠」を決めて。

給与から控除される明細の意味

健康保険
会社が加入している健康保険組合にあなたも加入しているため、健康保険料が引かれます。保険料は会社と個人で半額ずつ負担します。

厚生年金
会社員が加入する年金。国民年金に厚生年金が上乗せされる形です。会社と半額ずつの負担。その上に企業年金がある場合も。

雇用保険
失業したときに国が一定期間、所得保障してくれるための保険。法律で決められた割合で、会社と個人とで負担します。

介護保険
40～64歳の人のみが負担する保険。39歳までは介護保険料は差し引かれません。これも会社と個人とで半額ずつ負担します。

所得税
給与に応じて引かれます。毎月の支給額で概算で計算され、12月の給与支給の際に調整（年末調整）が行われ、過不足を解消します。

住民税
前年の給与に基づき、6月から翌年の5月まで毎月徴収されます。社会人1年目は前年に所得がないので住民税は引かれません。

●給与明細例

支給

基本給	200,000
時間外手当	55,000
休日出勤手当	10,000
通勤費	12,000

控除

健康保険	11,892
厚生年金	21,960
雇用保険	831
介護保険	0
所得税	5,890
住民税	6,800

総支給額	277,000
控除額	47,373
差引支給額	229,627

 住民税は前年の所得に対してかかるので、転職して収入が減った場合は要注意

月の貯蓄額は先に決めておく

〈お金 3〉

手取り金額の「1〜2割」先取りで貯金するしくみを！

貯金の基本は無理なくコツコツです。手取り金額の1〜2割が基本。「余ったら貯金」ではなく、必ず先取りで貯金しましょう。毎月手取り金額の1割を貯金すれば、10カ月で給料1カ月分の給料金額が貯まります。まずはそこから目指して！　「考えずに」「自動で」貯まるしくみにするのがコツです。

貯蓄への4つのSTEP

STEP 1
まずは1カ月分の手取り収入を目指す

1カ月分

↓

STEP 2
手取り3カ月分

3カ月分

↓

STEP 3
100万円

↓

STEP 4
年収分

30歳前後で達成できればベスト

手取り3カ月分貯めておけばまずは安心！

今すぐやめたい！
貯められない 5 つの習慣

1 お金がなくなるたびATMにGO！

ATMはあなたのお財布ではありません。ひと月に使う金額を決め、その範囲でやりくりするクセをつけることが大切。

2 公共料金を滞納している

公共料金は変動しますが、毎月必ずかかるお金。多めにかかる月に合わせて予算に組み込むようにしましょう。

3 現金がないときはクレジットカード頼み

現金がないときでも買い物できるという理由でクレジットカードを使ってはダメ。月ごとにいくらまで使っていいか決めるようにして。

4 コンビニで少額のついで買いが多い

飲料のペットボトルや少額のお菓子などチリも積もれば山となるです。ドリンクは水筒を持参するなどの工夫を。

5 ネットショッピングが大好き

ネットショッピングは現金が動かないので実感が湧かず、買い物し過ぎになりがち。本当に必要かどうか見極めて。

安いからという理由だけで買うのはやめて。使わないものにお金を払う結果に

人生を輝かせるボーナスの使い方

〈お金 3〉

ボーナスは変動するお金 生活費の当てにしない！

ボーナスは景気の動向などに左右されるあくまで臨時収入です。会社の業績が悪化すれば支給額がゼロになることも。生活費の補塡として考えるのは危険です。

自分のために使うことも大切！

ボーナスを臨時収入と考えれば貯金できるチャンス。でも、一定の割合で自分へのごほうびに使うことも大切。ごほうびがあるからこそ、また頑張れるのです。

ADVICE 1

単なる"消費"にせず 自分に投資できれば Good

憧れの先生の習い事を始める、興味のある外国に行くなど、自分がさらに輝くための投資になるような使い方をしましょう。

ボーナスの整理方法

使うお金は半分まで！ 残りの半分は余裕を持って

ボーナスは「貯金」と「使うお金」を半分ずつくらいで見積もりましょう。このとき、いくら貯金と決めるのではなく、支給額の5割と考えたほうが金額の変動に合わせられます。突然のケガや病気などもしもの出費に合わせてすぐ解約できる貯金も作っておくと便利。

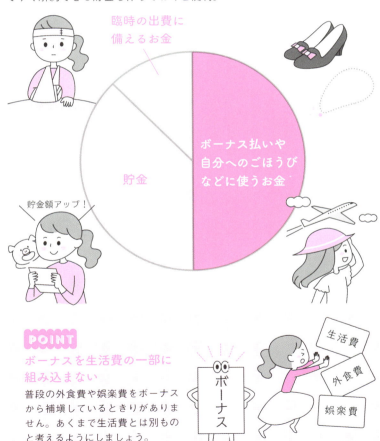

臨時の出費に備えるお金

ボーナス払いや自分へのごほうびなどに使うお金

貯金

貯金額アップ！

POINT
ボーナスを生活費の一部に組み込まない

普段の外食費や娯楽費をボーナスから補填しているときがりがません。あくまで生活費とは別ものと考えるようにしましょう。

自分をランクアップさせてくれるアクセサリーやバッグを思い切って買ってみて！

〈お金 3〉 貯まる人は家計簿をつけている

何となくお金を使っていて家計簿もつけていません。自分が何をいくらで買っているかにも無頓着で、結果的に割高な買い物をしてしまうことも。

○○スーパー、にんじん安かったね！

家計簿をつけていると、自分の買い物をきちんと見直すことができます。自然とムダづかいが減り、同じものでも安い価格で買うセンスが身につきます。

ADVICE

月に一度は通帳に記帳
支払う必要のないものに月額料金や年会費を支払い続けているなど、ムダな出費を発見できることも！

まずは支出を書き出す

毎日買ったものを書き出すことから始めます。書いているうちに1カ月に何にいくら使っているのかがおおよそわかってきます。1カ月のカード支払いの上限も決めましょう。

↓

1カ月にいくら使ったか把握

↓

黒字か赤字かを知る

1カ月分、買ったものを書き出したら、収入から支出の合計を引きます。カード支払いなら引き落とし月と使った月のどちらでもやりやすいほうで。黒字か赤字かを知りましょう。

↓

お金の使い方を見直す

家計簿で大切なのは自分のお金の使い方を知ること。コツコツ支出を書き出していくと、いつも買っている商品の底値、コンビニのお菓子などのムダづかいにも気づけますよ。

COLUMN

便利な家計簿アプリも利用してみよう

銀行口座やクレジットカード、ポイントカードなどと連携してくれるもの、レシートを読み取ってくれるものなど便利な家計簿アプリもおすすめです（詳細は72ページ）。

家計簿はつけるだけではダメ。自分が何にいくら使っているかを把握するのが大切

使途不明金をなくす
4つのポイント

ちょっとためてしまって、お財布の中身と
家計簿の支出の合計が合わなくなること、ありませんか？

POINT 1
レシートの出ない支払いは
スマホなどにメモ

使途不明金に一番なりやすいのが、レシートが出ない支払い。割り勘したときなどは忘れないようにスマホにメモしておいて。

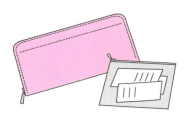

POINT 2
レシートをお財布に入れない

整理をしていないお財布はいつもパンパン。そこにレシートを入れるともうぐちゃぐちゃ。別個にレシート入れを持ち歩くようにしましょう。

POINT 4
支払いはできるだけ
クレジットカードで

クレジットカードは使えば記録に残るうえ、ポイントも貯まります。細かな支払いもカードにすれば小銭もたまらずお財布がスッキリ。

POINT 3
週に1回など
自分のペースで集計

集計をためると記憶が薄れて使途不明金が出がち。週に1回曜日を決めるなどして、自分のペースで家計簿を習慣にしましょう。

🚩 使途不明金は"消えたお金"

毎月の支出と残高との差額で数百円足りないくらいであれば、それを使途不明金として処理しても大丈夫！ でも数千円単位でわからなくなっているなら問題。そのお金は消えているも同然です。

☑ 収入　200,000円
☑ 家計簿上の支出　170,000円
☑ 黒字　30,000円
＝
☑ 現実には20,000円しか残っていないなら
＝
10,000円が使途不明金！

こんなものが使途不明金になる！

自販機での買い物
自販機で160円のドリンクを週に5回買ったら、1カ月で3000円以上に！ 小さな出費がたまりにたまり、気がつくと万単位で使途不明金になります。

電車代やバス代
バス代や電車代で小銭を使うと忘れがちなのでメモして。交通系ICカードを購入するときは、必ず領収書をもらいましょう。

レシートを捨てている
コンビニにはレジの前にレシートを捨てる場所が！ お財布がいっぱいだからと、そこにレシートを捨てていたら、使途不明金にまっしぐら。

1円単位の細かいやりくりが面倒な人は、端数を切り捨ててざっくり記入してもOK

お金 3

クレジットカードは2枚に絞る

クレジットカードをひとつに絞ったほうがいい理由

1. ポイントを貯めやすい
2. いくら使ったか把握しやすい
3. ムダな年会費がかからない
4. お財布がかさばらない
5. プロパーカードと提携カードをふたつ持つと便利

プロパーカード＝クレジットカード会社が自社で発行
提携カード＝ポイントや特典が充実

三井住友VISAカードやJCBカードなど、クレジット会社発行の「プロパーカード」は、海外旅行保険などが付帯して、もしものときの補償が手厚いことが多い。一方、楽天カードや航空会社系のカードなどの「提携カード」は、その会社のオリジナル特典やポイントが充実しているので、使い方によってはとてもお得に。

※厳密な意味でのプロパーカードはJCB、アメリカン・エキスプレス、ダイナースクラブのみですが、ここでは国際ブランドのライセンスは持っていないVISAやMasterCardなどの自社発行カードも含みます。

ADVICE

一括払いが大原則！

クレジットカードは1回払いなら手数料は基本的にかかりません。また、一部例外はありますが、ひとつの支払いを半分ずつ2回に分けて支払う2回払いも手数料はゼロ。それ以外の払い方、3回払い以上やリボ払いなどは金利手数料がかかるのでおすすめできません。

複数のカードを持つときの注意点

✦ 何にいくら使ったかを しっかり把握する

いくつかカードを使い分けていると、どこでどのくらい使ったかが不明になりがち。また、引き落とし日に残高が足りないという事態になったら大変です。どのカードで支払ったかをメモしましょう。

✦ 年会費がかさんで いないか注意する

年会費が1000円でも5枚なら5000円！ 年会費有料のカードはポイント還元率が高い、海外旅行傷害保険が自動付帯する、空港ラウンジが使えるなどお得になることも多いですが、厳選して！

✦ ポイントが分散 しないよう注意する

複数のカードを使い分けているとどうしてもポイントが分散してしまいます。自分にとってお得な提携会社のカードを1枚メインにしつつ、予備としてプロパーカードを持つのがおすすめ。

紛失に備えて2枚はOK！ 3枚は持ち過ぎ

カードは紛失した後、再発行手続きに1週間から10日はかかります。メインのカードを持ち歩き、紛失時に備えて予備のカードを自宅に置いておくといざというとき安心。ただし、3枚はいりません。

年会費無料に安心しないで！ 途中から有料になっていないかも要注意

クレジットカードは
ライフスタイルに合わせるとお得!!

自分のライフスタイルやお金の使い方に合わせてクレジットカードを選びましょう。

① マイルを貯めたいなら航空会社提携カード

買い物でマイルを貯めたいなら、航空会社提携のカードがおすすめ。JALカードSuicaなど鉄道系とセットなら買い物以外に電車に乗ってもマイルが貯まります。特約店ならポイントが倍になることも。

② ネットの買い物サイトの提携カード

楽天カードなどインターネットのショッピングモール提携のカードは、そこでよく買い物するならお得。ポイントが10〜20倍になる特典日もあり、賢く計算的に買い物することでびっくりするほど貯まります。

3 自分の趣味がお得になる提携カード

たとえば演劇や映画鑑賞など、趣味の特典が充実しているカードもおすすめ。観たい演目のチケットが先行でとれたり、映画を5回観ると1回無料で観られたりと趣味を充実させてくれるクレジットカードです。

4 家賃や定期などの出費に合わせたカード

家賃の引き落としがあらかじめどこかのクレジットカード会社に指定されているなら、それをメインカードにすれば、家賃分もポイントが貯まります。自分の通勤路線の鉄道系カードも、お得にポイントをゲット！

5 よく行くコンビニやスーパーの提携カード

イオンカードやセブンカードなどスーパーやコンビニの提携カードはポイント還元率の高さが特徴。年間の買い物額に応じて割引サービスがあるデパートカードも。買い物を特定の店でするならおすすめです。

カードのレベルを上げると年会費が上がるけど、ポイント還元率も上がればお得に

〈お金 3〉 投資をするなら収入の1割まで

投資をするときの注意

❶ 毎月コツコツ積み立てる
金融商品は買う時期によって損得が変わります。年に1回12万円を投資する場合、それが高値の時期だと損。毎月1万円ずつ12回に分けて投資したほうがリスクを分散できます。

❷ 収入の1割までと決める
生活費をリスクのある金融商品に投資すると、損をしたときに立ちゆかなくなります。収入の1割までと決めましょう。

❸ 分散投資でリスクを抑える
同じ商品にだけ投資すると、それが暴落したら大きな損に。いくつかの商品に分散投資することで、リスクを減らせます。短期的に儲けるのではなく、10年単位の長期運用で利益を出します。

投資信託のしくみ

2 投資のプロが運用

投資信託は自分で株式や公債に直接投資するのではなく、投資のプロにお任せして投資先を決めてもらいます。

1 投資信託を購入

投資信託は証券会社の窓口のほか、銀行や郵便局、ネット証券などでも買えます。それぞれ手数料が異なります。

利益率はさまざま！
商品選びは慎重に

投資信託は当然、大きな収益を期待すればリスクも高くなります。初心者には、年利を3〜5％に想定しているリスクの低い商品がおすすめ。

3 利益が出る

買った金額よりも投資信託の基準価額が値上がりすれば、差額が利益になります。また運用成績に応じて分配金も受け取れます。

投資信託はネット証券でも買え、手数料などがお得な場合が多いです

未来のお金を予測してお金を管理

〈 お金 3 〉

人生と貯金の関係

お金の貯めどき！

- 20歳 — 働き始める
- 30歳 — 結婚
- — 第1子誕生
- — 第2子誕生
- 40歳 — 家を買う

教育費がかかる時期

- 50歳 — 第1子大学入学
- — 第2子大学入学

お金の貯めどき！

- 60歳 — 定年
- — 年金受給開始
- 70歳
- 80歳

貯金スタート

結婚資金

教育費貯金

マイホーム資金

老後資金

貯めどきを逃さないで！ 先回りして用意しましょう

人生にはお金がかかる時期があります。それに備えお金がかからないときこそ貯金をしましょう。

100

知っておきたい給付金

▶ 出産にまつわる給付金

産休中に健康保険組合から給付される**出産手当**、出産費用をカバーする**出産育児一時金**（全員がもらえる）、育児休業時に賃金の50〜67％がもらえる**育児休業給付金**などがあります。住んでいる市区町村から**出産祝い金**が出ることも。

▶ 子育てにまつわる給付金

0〜3歳未満は一律15,000円、3歳〜小学校修了は10,000円（第三子以降15,000円）、中学生は一律10,000円の**児童手当**が給付されます。自治体によっては**医療費が免除**されることも。自治体独自のクーポン配布などもあります。

▶ 医療、資格取得、住居にまつわる給付金

健康保険の適用範囲内で1カ月当たりの医療費が限度額を超えた場合、**高額療養費制度**で超過分は還付されます。資格取得のための専門学校代が補助される**教育訓練給付制度**や、**住宅を取得したときに源泉税が控除される**制度もあります。

介護や災害など特別な状況でもらえる給付金もあるので、役所などで確認を

4章

デスク・書類・ノートの整理

- デスクまわり
- 書類
- 名刺
- ノート
- パソコン
- など

102

毎日向かう仕事のデスク。集中できるようキレイに整理整頓されていますか？　書類や名刺は定期的に整理しないと増える一方！　ミスや紛失も招きます。整理のコツを知って、いつ誰に見られても恥ずかしくないオフィス美人を目指しましょう。オトナ女子におすすめしたいのがノートの活用。仕事のメモだけでなく、アイデア次第で使い道は無限大！

デスク 4 みんなが憧れるデスク美人を目指そう

何がどこにあるかわからない → 能率ダウンデスク

- ふせんを貼り過ぎて優先順位がわからない
- 書類が山積み
- パソコンが操作しづらく、作業がはかどらない
- 飲み物のシミでデスクが汚れている
- 床にものを置いて引き出しが開けづらい
- ゴミ箱があふれている

仕事と整理は密接な関係が!?

書類を積み重ねていたり、ものがデスク上に散乱していたりすると、ものが邪魔になるだけでなく、気が散ってしまって仕事に集中できません。人目の多い社内では、デスクが汚いと「仕事ができない人」という印象を与えてしまうことになりかねません。

仕事に集中できる環境
能率アップデスク

周囲からの評価もアップする！

デスクがすっきりと片付いていると、目の前の最優先の仕事にすぐにとりかかることができます。使用頻度に合わせて収納を分け、ファイルに何が入っているのかをひと目でわかるように工夫しておくことで、仕事がはかどって周囲からの評価もアップ！

デスクの上が片付いていると、出社時も気持ちがいいよ！

ほぼ"毎日使うもの"とは？

〈 デスク 4 〉

アイテムは"0.5秒"で手に取れる

使用頻度の高いものはこれ！

- ふせん
- クリップ
- ボールペン
- 進行中の書類ファイル
- カレンダー
- マスキングテープ

サッ

0.5秒

ものを探す時間はムダな時間だね！

106

これは捨てる？ とっておく？

文房具

使う頻度で、一軍と二軍に分けましょう。使用頻度の低い二軍は引き出しに保管しておき、さらに1カ月後に使わなければ処分しても問題なし！

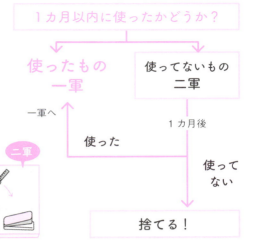

書類

1年間、一度も目を通さなかった資料や書類は、今後も見返す可能性は限りなくゼロ。データ化されていて、いつでも入手できる書類も捨てて。

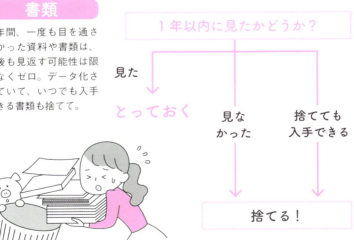

手にとって、捨てようかと5秒以上悩むものは、処分するべし！

引き出しの中に品性が出る！

〈 デスク 4 〉

手前から奥へ重要度順に入れて

よく使うものを手に取りやすい場所に収納するのは、整理の基本です。「一番上」、「手前」は、使用頻度の高いものを収めて。

ADVICE

背を下にしてファイルするというアイデアも！

一番下の深い引き出しはファイル収納向き。毎日見るファイルは、すぐ中身が見えるように背を下にして入れるのもおすすめ。

108

一段目は…

よく使う文具

すぐに取り出せる場所なので、毎日ではないけれど、よく使うクリップや蛍光ペンなどの文具を収めるのに適しています。鍵をかけられる場合は、印鑑など大事なものを管理するのにもおすすめです。

二段目は…

DVDや厚めのもの

やや深さのある引き出しです。辞書やDVD、CDなど高さや厚みがあるものを入れるのが適しています。セロハンテープも、デスク上に出さない場合はここに収めると◎

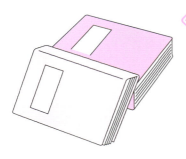

三段目は…

進行中以外のファイルを

一番深さのある引き出し。ボックスファイルを並べて、書類管理をするのに向いています。よく使うものを手前に入れるようにしましょう。デジカメなどの機器を奥に収納しても。

POINT　マスキングテープでラベルしても！
ファイルは基本的にはラベルが見えるように並べます。背に直接記入したくない場合は、マスキングテープを使えば、貼り替えが簡単にできます。

引き出しは詰め込まないように「7割収納」をこころがけて！

デスク 4 こんな工夫でデスクがオアシスに！

コツ 1 こまごましたものは保存袋が使える

カード、シール、クリップ、ふせんなど、こまごましたものは、透明の保存袋に入れて。中身がわかりやすくて散乱防止になります。

コツ 2 コードはクリップで留めておく

ケーブル類はしまい込むと迷子になりがち。デスクの端に大きめのダブルクリップをつけて、差し込んでおこう。ラベルをつけて用途を書いて。

コツ 3 お菓子コーナーを作る

ガムや飴、クッキーなど軽くつまめるお菓子を小箱にストック。とっておきのおいしいお菓子があると、テンションもアップして頑張れるかも！

コツ 4 机の下にも収納を

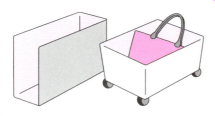

デスク下には、何も置かないのが理想的ですが、キャスター付きのトレイや小さな棚を置いて、バッグ置き場やファイルの一時保管として使うこともできます。

コツ 5 キーボードを収納する台を使う

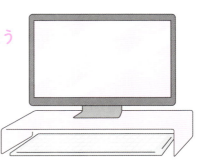

デスクの上は作業スペースを広く確保して。パソコンは机上台を使って高い位置に置き、下にキーボードを収納すれば、事務作業が効率よく行えます。画面が上にあると、姿勢がよくなる効果も！

コツ 6 気分が上がるものを目に見える場所に

アロマグッズや可愛らしい小さめオブジェ、枯れにくいグリーンなど、見るだけでポジティブになれるアイテムを身近に置いてみて。楽しい気分で仕事に取り組めるようになります！

ブタさんグッズはどうかしら？

使用頻度の低いものを机上に置きっぱなしにしていると、ホコリまみれに！

デスク片付けの
ルールを作ろう！

小さなルールさえ守れば、
「気持ちのいいデスク」にできます。

1 片付けも「仕事」と考える

「週1」「月1」などタイミングを決めて、デスクの整理をする時間を設けましょう。

2 「ファイルひとつ」などスペースを限る

「進行中の仕事」「議事録」など、ひとつの目的に限定して収納やスペースを作って。

ADVICE

動線を考えて配置する

（右手が利き手の場合）電話をするとき、左手に受話器を握り、右手でメモをとるなど、自分が作業するシーンをイメージして配置するとよいでしょう。

3 仕事のスタートと終わりはきれいな状態で

退社5分前に、デスクの片付けをルーティンワークにしましょう。出社時、気持ちよく仕事が始められます。

5 仕事に行き詰まったら片付けをする

仕事で悩んでいるときにあえて片付けをすると、気持ちが切りかわっていいアイデアが浮かぶかも！

4 縦置きを基本にし平積みはしない

縦置きにすると、平積みよりもスペースが狭くなって、目的のものが取り出しやすくなります。

毎日こんな机なら、やる気が出るね！

6 「コーヒーをおいしく飲めるデスク」を常に目指す

仕事の区切りに、コーヒーでひと息。そんな空間を常に意識して！　散らかったデスクでは気分もリフレッシュできません。

飲み物をそのときどきであちこちに置くのはトラブルのもと！ 置き場所は1か所に決めて。

3章　デスク・書類・ノートの整理

帰宅時には書類をしまって！　情報漏洩防止にもなります

オフィスで使える!
便利グッズ一覧

引き出しの中を仕分けたり、机の上の収納に使ったり…。
100均で手に入れることができる便利アイテムも!

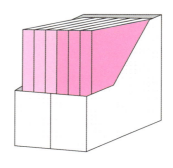

ファイルスタンド
ファイリングした書類、パンフレット、本などは、ファイルスタンドにまとめれば、倒れにくくなります。木目調やシンプルな色で統一すればすっきりした印象を演出できます。

デスクトレイ
「重要な書類が迷子!」「提出〆切を忘れていた!」こんなことを避けるために、大切な書類をトレイに入れておくと便利。定期的にチェックすることも忘れずに!

小さめのコルクボード
忘れたくないことのメモや写真などを貼っておきたい場合、小さめのコルクボードを使って飾っても。オシャレにまとめられれば、見せる収納にもなって◎

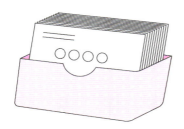

カードスタンド

大切なメモや名刺、カードなどを、カードスタンドに挟んで紛失防止に。かわいいデザインのものを選ぶとオシャレな印象に！

マスキングテープ

デザイン豊富なマスキングテープは、最低限、無地のものと、柄入りのもの２つをそろえてみて。さまざまなシーンで活躍します。

スマホ台つきペン立て

スマホ置き場のついたペン立ては、必要なものをひとまとめにできるので、作業効率が上がります。見た目にもスマート！

スタッキングできるガラス瓶

調味料などを入れるシンプルなガラス瓶などは、クリップや画鋲など小さなものを入れておくのに便利。スタッキング（重ねる）収納できれば、場所をとりません。

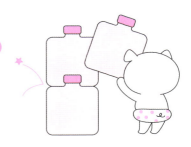

ミニゴミ箱や携帯クリーナーも用意しておくと、机の上をキレイにキープできます

書類 4 ファイルは"立てて並べる"が絶対ルール

ラベリングのコツ

① シンプルでわかりやすい名前
自分だけでなく、他人がひと目見てわかる名称を書く。

② 保存期限
1年、3年など書類をとっておく期間を記しておきましょう。

③ いつ捨てるか
1年後、5年後、10年後など、処分する時期を記しておきます。

POINT
クリアファイルには大きなふせんで名付け

クリアファイルには、何が入っているのかわかるように、ふせんやマスキングテープなどに書いて背の部分に貼ると便利。仕事が終わったらはがします。

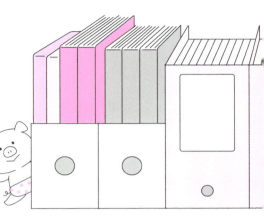

2章 デスク・書類・ノートの整理

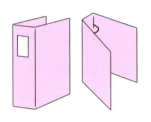

ボックス式ファイリング

メリット
紛失しにくく、めくりやすく、順番が狂いにくいです。

デメリット
毎回穴を開ける作業や、ルーズリーフの用意が必要。

クリアポケットファイリング

メリット
穴を開ける作業をせずにすみ、さっと入れるだけ。

デメリット
ファイルの枚数分しか書類を収めることができません。

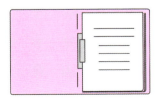

Z式ファイリング

メリット
斜めに動く留め具で、ワンタッチで書類を取り出せます。

デメリット
書類の量が多くなると抜け落ちやすくなります。

ファイルは同じメーカーのシリーズでそろえると、整頓しやすいよ！

名刺を賢く整理しよう

〈 書類 4 〉

✦ 名刺をすっきり整理する流れ

❶ 名刺交換してすぐ

POINT
名刺入れに入れっぱなしは×
受け取った名刺を、名刺入れにためると、誰からもらったものかがわからなくなります。

❷ 情報を記入

- 会った日付
- 会った場所
- 案件名などなぜ会ったかをメモ

```
2018.2.9
〇〇オフィス　△△案件
〇〇株式会社　営業部

山　田　太　郎

東京都千代田区〇〇 1-1-1
Tel：03-〇〇〇〇-〇〇〇〇
Fax：03-〇〇〇〇-〇〇〇〇
Mail：yamada@〇〇〇〇.com
```

名刺ファイルに保管する前に、相手の情報を書き込みましょう。日時、場所、用件のほか、相手の特徴などを書いておくのもおすすめです。

❸ 分類する

例

カテゴリ別
会社別、50音順、日付別など、把握しやすい分類方法を選びます。

優先度順
頻繁に連絡をとる人や重要な人は取り出しやすくします。

118

4 保管する

名刺を分類したら、保管する道具を選びます。サイズや収納量など、自分に合った道具で保管するようにしましょう。

▶ 名刺ファイル

一覧で見やすく、重要度で分けることができます。ただ、並び替える場合が面倒なのがデメリット。

▶ ボックス

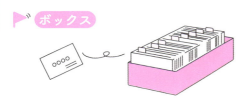

ボックスにインデックスをつけて、区別します。とりあえず置いておくのに便利。一方、一覧で見ることはできません。

5 定期的に見直してみる

どんどん増え続けていくので、処分するものや分類を見直すようにしましょう。

月1、年1、季節ごとなど自分に合った期間でね！

ADVICE

デジタルでの管理も活用しよう

名刺をタブレットやスマホで撮影し、データを蓄積・検索する名刺管理アプリもあります。大量のデータを持ち運ぶことができ、探す手間を省け、社内で共有することもできます。

連絡頻度が高い人は携帯用のファイルを併用して持ち歩いても！

書類を捨てるのも仕事のうち！

〈目書類 4〉

こんな書類は捨ててOK！

- 明らかにいらないダイレクトメール、過去の伝言メモ
- 社内規定の保存期間を過ぎているもの
- 確定版ができたもののメモや下書き
- ふたや表紙を開けなければ中身を思い出せないもの
- 前任者が置いていった資料で使用していないもの
- どこで会ったかわからない、顔も思い出せない人の名刺
- すでに完了した仕事の書類

迷ってるヒマはないよ！

ADVICE
処分して困る書類は意外と少ない!?

今は必要ないけれど、いつか必要そうと思っている書類は、ファイリングする際に、案件名と保存期間をしっかりと記入しておきます。でも、実は書類の5割は捨ててもデジタル化していて入手が可能だったり、何とかなることが多いです。

これだけ！ファイリングのルーティン

書類をもらった時点で残すか、処分するかを決める

> 迷ったものは、一時保管。1カ月後に再度判断を！

↓

PDF化できるものはPDF化する

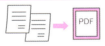

↓

紙で残すなら、ファイリング、処分の時期も記入する

> 保存期間を記すことで、捨てやすくなる！

↓

必要がなくなったら処分、または保存用のファイルに移動

POINT
保管期間を決めるときのコツ

経理資料や契約関係の資料は法定保存期間が決まっています。社内の共有書類は社内のルールに従って。自分で管理する書類は、目安として2年ほど保管し、1年閲覧していなければ捨てても問題はないでしょう。紙資料は減らす努力をしましょう。

2年間、保存！

「とりあえず」とっておく書類はファイルより封筒に入れておくと、捨てやすい！

オトナ女子こそ、ノートを活用して！

〈ノート/4〉

オンリーワンのノートを作ろう

ノートを書く一番の目的は、そのときの事柄を忘れないためです。また、ノートは頭の中の情報を整理するときにも最適です。書き出すことで、必要なことや不必要なことを判断することができます。1冊に情報を集約させるか、テーマごとに持つかは自分の好みでOK。

1冊持ち

自分が書き留めたい情報を集約できます。情報が散らばりませんが、検索性能は劣ります。1冊書き終わったら、索引を作るのがおすすめ。

2冊持ち

アイデアや情報を書き込むノートと、それを整理してまとめるノートとして分ける方法。1冊を持ち歩き、もう1冊は定期的にまとめる時間を割きりましょう。

3冊以上

仕事とプライベート、または趣味などのテーマに応じて書き分ける方法です。見返したときに情報を探しやすくなります。

大きさを分けるといいかも！

ノートはこんな場面で使う

1. 人から聞いたこと
2. 自分のアイデア
3. 考えたことのまとめ
4. 仕事の手順や方法
5. 仕事相手のパーソナル情報

POINT
日時、場所を示しておこう！
ノートの一番上に、タイトルや、日付を書いておくといつどこで書いたのか、記憶を思い出しやすい！

4章 ／ デスク・書類・ノートの整理

ノートのテーマを決めて ✦

例
- 仕事やプライベートで使えそうな店
- 取引先や同僚の情報
- 仕事の仕方メモ
- 旅行の記録
- 映画、ライブなどの鑑賞記録
- 夢や目標
- 心に響いた格言
- ToDo リスト

ルールはなし！ 自分のライフスタイルに応じて、書きたいことをどんどん書き込んで。

  ノートの表紙のデザインはこだわって選んで。愛着が湧いてくるよ！

ノートは見返すことに意味がある！

〈 ノート 1/4 〉

コツ1 見開きで大きく分ける

後から書き足すことを前提として、最初は左ページだけを使い、右ページには反省点や振り返って感じたことを書いていく方法です。

| 後から書き込む | 項目ごとに書き込む |

コツ2 右に余白を作る

あらかじめノートの右1/4の部分に線を引き、後からプラスαの情報を書き足せるようにしておく方法です。見返すことが何より大事！

| アイデア | 派生すること |
| アイデア | 派生すること |

ADVICE

シールや文具にもこだわって

文字を羅列するだけでなく、お気に入りのシールを貼ったり、カラフルなペンや蛍光ペン、スタンプなどを使うと、後から見返したときにも楽しい目印になります。

もっと楽しくなる！ノートのアイデア

🚩雑誌の切り抜きを貼りつける

雑誌で役に立ちそうだと思った記事や写真を切って貼ったり、ネットで印刷したものを貼ったりすると情報がよりまとまりやすくなります。そこから新しいアイデアが思いつくかも！

🚩自分なりのイラストや記号でわかりやすく！

嬉しいときにはハート、悲しいときは涙など、自分だけのイラストや記号を作って書き分けるのもおすすめ。

🚩時系列や円グラフ、すごろくのように…

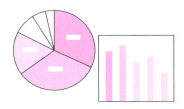

ナンバリングや矢印で時系列を記したり、グラフ化したりすると、探しやすくて繰り返し見返したくなります。

POINT
こんなノートはNG！
- ✘ ぎちぎち詰め過ぎ
- ✘ どこに書いてあるか探せない
- ✘ 字が汚くて読む気がしない

マイナスな気持ちを書き込むのも、自分を客観視できるヒントになるよ！

使える！ふせんノート術

〈ノート 4〉

ふせんノートはいいことだらけ！

- 大事なことが一目瞭然！
- ToDoを忘れずにこなせる！
- 追加や修正もラクラク！
- 指示する内容があれば渡すだけ！

メモするのはこんなこと

- 会議や打ち合わせ時のメモ
- 覚えておかなければいけないこと
- ToDoリスト
- 気づいたことやアイデア

memo
昨年の企画の資料を用意する。人数分コピー！

売り場のディスプレイに工夫をキャラクターをつかう？

ADVICE いろいろなふせんを用意すると便利！

色で分ける
上司からの指示はピンク、打ち合わせは黄色など、メモをとる場所やシーンで使い分けましょう。

サイズで分ける
大きいサイズと小さいサイズを用意しておくと、緊急なことや強調したいことなどをあらわせます。

126

こんなふせんで気分も上がる！

最近はハート型や動物型など、さまざまな形のふせんが豊富です。かわいいふせんを用意しておけば、人に伝言メモとして渡すときに、さっとはがして渡すことができます。

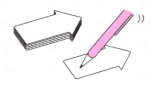

ToDoリストにふせんを使うと、目的をクリアしたときにはがす達成感が得られるよ

メモは5W2Hを意識して

〈メモ 4〉

伝言メモ、商談メモ、アイデアメモ、資料メモ、仕事の指示メモ、会議メモ　etc…

メモはとるだけではダメ！
→ ノートにまとめよう

情報や思いついたアイデアは、メモにとるだけでは不十分です。時間が経ってから見直すと、わからなくなることも。大事なことは必ずノートにまとめましょう。

5W2Hを盛り込もう！

When　いつ　　　　Why　どういう経緯で
Where　どこで　　　How much　いくらか
Who　誰が
What　どんな内容か
How　何が必要か

デキル女性はメモ上手！

（ToDoメモ）
3月5日9：30
☐ 会議室を予約する
☐ B社にアポとり
☐ 17日までに企画書を
作成

（打ち合わせメモ）
3月5日14:00
・A社の山本さんと打ち合わせ
・来年度の宣伝企画について
・予算100万円
・打ち合わせ日
　3月13日10:00／A社にて

4章 デスク・書類・ノートの整理

POINT
デジタルも活用して メモするクセをつけて

タブレットと専用ペンを使って手書きができるメモアプリがあります。また、スマホにも気になったことを一時的にメモしていくのもおすすめ。大切なのはメモを習慣づけること！

ADVICE
メモに特化したアプリも！

情報を簡単に記録、整理、共有ができるアプリ「EVERNOTE」を使うと、外出先でもメモがしやすくなります。録音や画像も記録として残すことができ、ペーパーレス化にもなります。

ムダだと思うことでも、意外と新たな気づきに。メモ魔くらいがちょうどいい

ちょっとの気遣いで伝達もスムーズ

〈 メモ 4 〉

アイデア1 吹き出しやイラストでかわいく強調！

文だけでは無機質な印象になりがち。かわいいイラストを描いて、吹き出しからコメントしているようなメモにすると印象がアップしてコミュニケーションもスムーズに。

アイデア2 ちょっとしたおまけを添える

個包装のお菓子やティーバッグなど、ちょっとした品をメモとともにさりげなく渡して。予期せぬおまけはみんな嬉しいもの。

アイデア3 インパクトのあるふせんを使う

偉人のイラストや写真の入ったふせん、思わず笑ってしまうようなギャグ風のふせん…。相手の印象にも残りやすいので、忙しい人にはとくに有効かも。

\アイデア/ 巻きつけたり貼りつけて目立つように

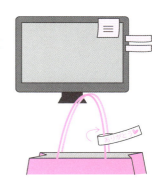

借りていたものを返すときや、贈り物をするときなど、ふせんを巻きつけるように貼っておくと、感謝の気持ちが伝わります。「大げさではなくさりげなく伝えたい…」。そんなときにこれはおすすめ。

\アイデア/ 立体的なメモにする

紙を折り曲げて、立たせるようにすると立体的になってメモが目立ちます。顔などを描いて人や動物に見立てても◎ 伝言メモだらけの机でも1番目立つこと間違いなし！

POINT

メモやふせん、一筆箋はまとめてファイルに整理！

仕事中に社内の人に伝言するときや、社外の人にお礼をするときなど、メモやふせん、一筆箋、切手、封筒などはひと通りそろえておきましょう。季節感のあるものや、年配の方に好まれるものもあると安心です。ファイルなどにまとめてデスクに置いておくとスムーズです。

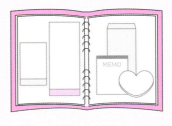

郵便物を出すときは特殊切手やステキな記念切手を貼ると、相手に喜ばれる！

パソコン整理はこのルールで！

〈パソコン 4〉

すっきりパソコンを叶える5ワザ！

❶ まずはデスクトップを1列に

ファイルがたくさんあると、目的のものが見つかりにくく、起動時間も遅くなってしまいます。1列にまとめ、不要なものは削除しましょう。

❷ とりあえずのファイルを作る

「一時保管」「作業中」など、ファイルの避難場所を作っておくと整理しやすい。

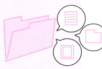

❸ バックアップをルーティン化

予期せぬ故障や操作ミス、ウイルス感染に備えて、外付けのHDD（ハードディスクドライブ）やDVDなどに移して。

❹ フォルダは時系列にまとめる

年月ごとに定期的にデータをまとめると、格段に探しやすくなります。

❺ フォルダの階層は深くし過ぎない

フォルダの中に、さらにフォルダを作ると何度も開く手間がかかります。3階層くらいまでにして。

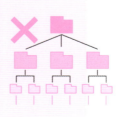

132

> 壁紙を定期的に一新してみる
>
> 週ごと、または月ごとに変えてみて。仕事へのやる気につながります。

ふたつのアイデアでメリハリアップ！

仕事効率を上げるためにはメリハリが必要。ファイル名は管理しやすいもにに工夫して。また、元気になる記事や好みの写真を集めたファイルを作って気分転換に活用するのもおすすめ！

❦ 好きなものを集めたフォルダを作る

❦ 人が見てすぐわかる名前をつけよう

「○○　商見積もり_201802」

> 3つのキーワードを！
> - 日付
> - 内容
> - 案件名

デスクトップが片付いているだけで、不思議なほど気分もすっきり

サクサク作業を叶える簡単ワザ〈パソコン 4〉

コツ① ツリー構造でファイルを作る

仕事の内容に合わせて、大分類、中分類、小分類で、ツリー構造にしてファイルを作りましょう。データをまとめるときに、仕分けに迷うことが少なくなります。

コツ② ダウンロードファイルはデスクトップから削除

画像などの大きなデータをダウンロードしたとき、デスクトップにそのまま置いておくと、デスクトップがぐちゃぐちゃに。不要なものはすぐに削除しましょう。

コツ3 ひと仕事終えたら整理する

パソコン内のデータは、毎日の作業でどんどんたまっていく一方です。「毎月」など期間を決めて、または、ひと仕事終えたら整理するのをルーティンワークにしましょう。

ショートカットキーでムダをカット

ちょっとした手間を省くと、仕事の効率が上がり、スピードもアップします。

操作	Win	Mac
すべて選択	Ctrl + A	Cmd + A
コピー	Ctrl + C	Cmd + C
カット	Ctrl + X	Cmd + X
貼りつけ	Ctrl + V	Cmd + V
ファイルを保存する	Ctrl + S	Cmd + S
印刷する	Ctrl + P	Cmd + P
アプリケーションを切り替える	Alt + Tab	Cmd + Tab
アプリケーションを終了する	Alt + F4	Cmd + Q
スクリーンショットを撮る	PrintScreen	Shift + Cmd+3

最上段のファンクションキー（F1～F12）も覚えると役立つよ！

早く帰れる人はメール管理上手！

〈パソコン 4〉

基本の管理は2パターン

1 受信トレイから自分で振り分ける

届いたメールを自分でチェックし、フォルダに一通ずつ振り分ける方法。受信トレイをゼロにするように整理すると、漏れを防げます。

2 自動振り分けの機能を設定しておく

あらかじめ「仕事」「メルマガ」などのフォルダを作っておき、自動的に振り分ける設定をします。1日に100件以上受信する人には便利な機能。

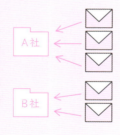

ADVICE

こんなメールボックスにならないよう注意！
- ✘ アドレスを探すのに時間がかかる
- ✘ 容量がいっぱい
- ✘ ムダなメールが大量にある

サクサクメール3つのコツ

コツ1 挨拶文やよく使う言葉は単語登録する

「いつもお世話になっております」「よろしくお願い致します」などの定型文は、単語登録をしておくと、タイピングの手間を省けます。本当に伝えるべきことに時間を割けますね。

いつも
→ いつもお世話になっております。

こんご
→ 今後もよろしくお願い致します。

コツ2 メールチェックの時間をしっかり決める

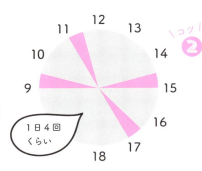

1日4回くらい

1日に何度もメールチェックすると、そのたびに自分の作業を中断することに。朝、昼、帰宅前など自分に合ったタイミングを決めて。自分の仕事時間は自分で確保しましょう。

コツ3 外からでもメールを確認できるようにする

退社後や休日中にもメールをチェックしたい場合、家のパソコンやスマホにメールを転送する設定もできます。情報漏洩を防ぐためにも会社に確認してから行いましょう。

メールの返事は24時間以内に出すのが社会人のマナーです

5章

おうちの整理

クローゼット
キッチン
リビング
雑誌・本
コスメ
など

オフィスのデスクはばっちり整理できていても、帰るおうちがごちゃごちゃと散らかっていては気分が台なしに！帰ったときにほっと落ち着くような空間にしたいですね。
そのためには、ものをすっきり収納し、お掃除がしやすい部屋作りをすることが大切です。リビング、キッチン、寝室などの場所別に整理のポイントを紹介しているので、お気に入りの場所から整えてみてください。

おうち 5

帰りたくなるのはこんなおうち!

💔 部屋にものがあふれていると

↓

落ち着かない

NG

どこに
何があるか
わからない

大切な写真も
ものに
埋もれている

くつろげる
スペースが
確保できない

床にものが
あふれている

ごちゃごちゃが
目に入って
くつろげない

心もカラダも休まらない!

仕事から帰ってきたときに、部屋の中が散らかっていると、どっと疲れが増します。ものが多いと、カラダが休まらないだけでなく、どこから掃除や片付けをすればよいのかがわからなくなって散らかる一方。気づかないうちにストレスがたまって、気持ちもやすらぎません。

部屋がすっきりしていると
気持ちもリラックス

- 好みの小物や絵でオシャレ
- 壁かけや吊るすインテリアで空間を上手に使う
- どこに何があるかすぐわかる
- くつろげるスペースが確保できる
- 動線がすっきりしているから掃除や家事がラク

気持ちに余裕が生まれる

部屋をキレイな状態でキープすることができれば、何より帰宅後に気持ちがいい！掃除や片付けをするのも1日5分程度ですみ、趣味など自分の好きなことをする時間も生まれます。気持ちも落ち着き、じっくり疲れをとることができます。

 ペットボトルなどのゴミをまとめるだけでも大きな変化が！

掃除がラクな部屋を作る
6つのポイント

ワンアクションで掃除ができる環境にすれば、
"掃除"と"片付け"は苦になりません！

1 家具はできるだけ少なく

家具が増えるほど、部屋の中は狭くなります。狭いならソファーは置かずにクッションにするなどの工夫を！ できるだけ背の低い家具を選ぶのもコツ。

お手入れしやすい素材を選ぶ

2 家具やラグなどは、汚れてもさっと拭けるような素材を選ぶようにしましょう。小さな溝があるような家具は汚れがたまりやすいので避けて。

3 すべてのものの定位置を決める

ものは同じ場所に戻すだけで片付けが完了するようなしくみにしましょう。ものの住所が決まっていれば、なくしたり散らかったりするのを防げます。

掃除道具は使いやすい場所に置く

汚れに気づいたらすぐに掃除ができるように、掃除道具はキッチンやトイレ、リビングなどに何か所かに分けて設置しておきましょう。

飾りつけは場所を決める

雑貨や写真、グリーンなどは、動線を邪魔しない場所を選んで飾りましょう。また、自分の座る位置から見やすい場所にすると◎

床にものを置きっぱなしにしない

バッグや買い物をしてきた袋など、帰宅後に床にものを置いていませんか？床置きをやめる意識を持つだけでも、部屋がすっきり広くなります。

ときどき友人を家に招こう！

他人の目があると、きれいにしようという気持ちが芽生えやすいもの。積極的に人を呼ぶようにしましょう。

いつもきれいな部屋を目指そう

部屋が狭いなら掃除機は手軽なハンディタイプがおすすめ！

おうち 5 — 狭いクローゼットでも十分使える！

サイズの合わない収納チェストだと
↓
空きスペースが少ない

- 上段を利用していない
- 服を詰め過ぎている
- 丈がバラバラ
- バッグが直置きされている
- 引き出しの中で服が重なっている

とりあえず放り込むのは×

クローゼットが狭くて収納スペースに困っている人は今の収納方法を一度見直してみましょう。クローゼットの上段スペースに不要なものが入れっぱなしになっていたり、掛けている服の丈がバラバラだったりと効率が悪く、ものを詰め込んでいるだけになっていませんか？

♥ ぴったりサイズの収納チェストだと
↓
スペースがたっぷり

普段使わないものは
ケースに
まとめて上段に

ハンガーは
同じものに
そろえて

丈をそろえて
下のスペースを
有効活用

引き出しの中も
すべての服が見える

バラの収納
ボックスを活用

5章 おうちの整理

GOOD ITEM!

吊り下げ式のホルダーですっきり！

かける服の丈をそろえると、短い丈の服の下に収納スペースを確保することができます。また、バッグや帽子などは床に直置きせず、吊り下げ式の収納アイテムに収納すると、見た目もすっきり。

 かさばるダウンやコートはハンガーにかけて圧縮するとスリムに！

クローゼットをあふれさせないための
服の整理の心得

💔 捨てるとき

- ☐ １年以上着ていないものは捨てる
- ☐ サイズが合わないものは捨てる
- ☐ 着こなせないものは捨てる
- ☐ 毛玉やほつれが気になるものは捨てる

捨てるときは思い切りが大事だよ！

買うときは手持ちのアイテムとの相性も考えて！

♥ 買うとき

- ☐ 着回せるものを選ぶ
- ☐ ベーシックなデザインを選ぶ
- ☐ アイテムごとの上限数を決める

ADVICE
脱いだ服を一時的に置くスペースを作ろう！

脱いだ服をしまうのが面倒…そんな人はクローゼットの中にかごなどを置いて一時的な服置き場にして。これだけで服を脱いだ状態で放置することがなくなります。

アイテム別のたたみ方＆収納法

ワンピース

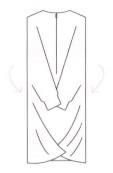

袖、スカートのフレアー部分を内側に折り込み、縫い目に沿って大きくたたみます。

シャツ

ボタンはひとつおきで留め、前身頃を下にして収納ケースの幅に合わせて袖を折ります。

裾を少し折り、ケースの深さに合わせてふたつ折り、または3つ折りにします。

ボタンやファスナーは閉めたままだとシワになりやすいので、必ずたたむ前に外します。

キャミソール

ストラップを内側に折り込み、四角を作ってからケースの幅や深さに合わせてたたみます。

カーディガン＆ニット

 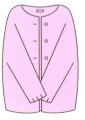

ボタンは外し、前の重なりをなくします。袖を内側にたたみ、ふたつ折りか3つ折りに。

シワが気にならない服は、ケースの深さに合わせてたたみ、「立てて」収納して

ストッキング

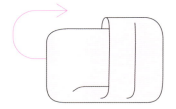

両足を重ねて半分に折ったら、さらに半分に折ります。ウエストのゴム部分に反対側を挟み込み、四角に。

ボトムス

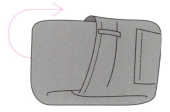

中央で半分に折り、ふたつ折りにします。腰回り部分を折ったら、反対側を腰回り部分に挟み込みます。

くつ下

左右ひと組にして重ね、半分に折り、さらに半分に折ります。立てて収納すると探しやすくて◎

ブラジャー

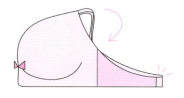

フックを留め、ストラップをカップの中に入れます。中央で半分に折って完成です。

帽子

形が崩れやすいハットなどは壁にかけて、見せる収納にしても。ニット帽はかごなどにまとめて入れます。

ショーツ

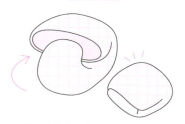

右端、左端を中央に向かって折ります。ウエスト部分を1/3幅で折り股部分をウエストに差し込みます。

季節小物の収納はこう！

水着
ファスナーつきの袋に入れると、立てる収納もできます。

マフラー＆手袋
マフラーは丸めてカゴへ、手袋はクリップで留めて吊るすと◎

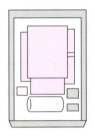

ゆかたセット
シワをしっかり伸ばしてたたみ、除湿剤や防虫剤と一緒に収納。

小物＆アクセサリー収納

バッグ

かごやブックエンドなどに入れて、クローゼットの上段にしまいます。

ネックレス

壁にかけるほか、仕切りつきのボックスを引き出しに入れて収納して。

ハンカチ

きれいにたたみ、クリアボックスなどに立てて収納するとすっきり。

リング＆ピアス

壁にかけるほか、100円均一などで買える小分けケースもおすすめ。

100円ショップの収納アイテムも定期的にのぞいてみて！

１週間のコーディネートを
決めておけば朝ラクラク！

朝は洋服を決める時間も惜しいもの。
先に１週間のコーディネートを決めておきましょう。

１週間の予定に合わせて
コーディネートを組み立てよう

「いつも同じ組み合わせ」なんて言われないよう、毎日組み合わせを変えることが大切。会議のある月曜はジャケット、女子会の日はワンピースなどTPOも考えて。

POINT

小物づかいで
イメージチェンジ

例えば、1枚のシャツでも月曜はスカーフを巻く、木曜はタイトスカートに細ベルトを合わせるなど小物次第で印象が変わります。

休日コーデ

金曜日

木曜日

同じ組み合わせにならないよう、コーディネートの写真を撮っておくと◎。

少ない服でも
アイテムや組み合わせで
着回しできるよ！

服を買うときにも、手持ち服とのコーデを考えて

よく使う食器は取り出しやすい高さに

シンクまわりや調理台にはものを置かない

キッチンガーデニングで豆苗やハーブを育てれば節約＆インテリアの一石二鳥

シンク下はラックとかごを組み合わせればたっぷり収納できる

扉の内側にワイヤーネットとS字フックをかけて調理器具の収納に

〈 おうち 5 〉

こんなキッチンで毎日お料理したい！

よく使う調理器具は
さっと取れる吊り下げ収納に

便利グッズも
買いすぎると
ごちゃごちゃの
もと！

スパイスはラックに
並べて料理上手を演出

フライパンなどの平鍋は
ファイルケースに、
ふたはブックエンドに
立てて収納

上段の引き出しはよく使うもの、
下段にはあまり使わないものを

5章 おうちの整理

シンク下にものを置くときは、直置きではなく容器に入れると掃除や整理がラク！

人に見られても大丈夫！
キレイな冷蔵庫の作り方

毎日使う冷蔵庫はつい、中がごちゃごちゃしがち。
誰に見られてもいいよう、整理しましょう。

1　カテゴリーごとに定位置を決める

ジャムやマーガリンは「パンに使うもの」など、食材をジャンル分けします。トレーやプラスチックケースなどに入れ、冷蔵庫の中で定位置を決めるとすっきり！

2　同じ色のかごやタッパーを利用する

収納に使うかごやタッパーは同じ種類のものでそろえるだけで、統一感が出ます。

3　野菜室・冷凍庫は仕切りを作る

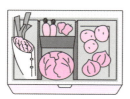

ごちゃごちゃになりがちなので、仕切りを作ってどこに何が入っているかわかるように。

POINT
1カ月に一度は賞味期限をチェック　ビンやチューブは処分して

あまり使わないジャムや調味料などは、賞味期限が切れたまま保存されがち。月1でチェックをして整理を。

キッチン収納アイデア集

🍵 食器や鍋はデザインがオシャレなものをそろえる

食器や鍋のデザインがオシャレだと、収納をせずにあえて出して「見せる収納」にしてもオシャレな雰囲気になります。

🍵 つっぱり棒で棚を作る

つっぱり棒を2本ほど渡せば、立派な棚になります。余ったスペースにつっぱり棒を渡して有効活用しましょう。

🍵 調味料は透明容器で見せて収納

同じ種類の透明容器に入れ、同じ種類のラベルを貼って棚に並べると一気にオシャレなキッチンになります。

🍵 壁にマグネットシートを貼る

マグネットシートを貼れば、壁が収納場所に。マグネットフックなどをつければ、お玉やフライ返しなどの小物をかけられます。

🍵 お菓子はスペースを限定する

つい増えてしまいがちなお菓子。スペースを限定し、そこに入り切らない分は買わないようにして。

🍵 背の高い調味料はファイルボックスに入れる

1000mlなど容量が多く、背の高い調味料はファイルボックスに入れて収納すると、引き出しやすくてボトルが倒れる心配もありません。

スーパーの袋やゴミ袋は紙袋やネットバッグに入れて収納するとオシャレに

リビングはとにかく「ゆとり」が大事！

〈 おうち 5 〉

ゆったり過ごす3つのコツ

1 家具を置き過ぎない

リビングに置く家具は必要最低限のものを厳選することがゆとりある空間を作るコツです。

2 背の低い家具を選ぶ

背の高い家具があると、圧迫感があり、リビングが広々としたスペースに見えません。

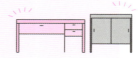

3 家具の素材や色を統一する

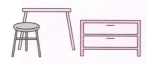

清潔感のある部屋にしたいなら白、ナチュラルな雰囲気にしたいなら茶色など色の統一感を大切に。

ADVICE

最初に目に入る場所をオシャレに飾る

最初に目に入る壁に絵をかけたり、飾り棚を作ったりすると印象が変わります。

GOOD ITEM!

部屋の雰囲気に合った柄の布
プリンターなど見せると生活感が出てしまうものにかぶせたり、ソファにかけて模様替えしたりと何かと便利です。

リモコンや雑誌など、出ていると雑多な雰囲気になるものは収納しましょう

〈 おうち 5 〉

寝室はとことん心地いい空間に

POINT 1
寝具とカーテンの色を統一するとオシャレに
面積の大きいカーテンと寝具の色を合わせると、部屋に統一感が出てぐっとオシャレに。

POINT 2
間接照明でやさしい明るさに
強い光はストレスになるため、リラックスできるオレンジっぽい光がおすすめです。

POINT 3
お気に入りのアロマを焚く
心地よい香りでリラックスできるアロマを焚いて、心と体をリフレッシュさせましょう。

POINT
落ち着く色をチョイス
カラーコーディネートする場合、副交感神経が優位になる色(青系、ベージュやグリーンなどのアースカラーなど)にすると安眠できます。反対に、赤系の強い色は交感神経を優位にするので気をつけて!

POINT 4
壁飾りはシンプルに
部屋の印象に大きく影響する壁は、ちょっと地味かなと思うくらいが丁度いいのです。

POINT 5
ベッドサイドに小物を置くスペースを作る
スマートフォンや眼鏡など、枕元に常備しておきたい小物が置けると便利です。

POINT 6
寝具は清潔に！
シーツは意外と寝汗で汚れています。汚れが見えないからと油断せずに、定期的に洗濯をして。

POINT 7
ベッド下にはキャスターつきの収納ボックスを
ベッド下のデッドスペースを有効活用できます。キャスターつきだと掃除もラク。

5章　おうちの整理

 寝室のベースカラーは明度・彩度が低い色を選ぶと落ち着いた雰囲気になります

〈 おうち 5 〉

洗面台・バスルームは直置きしない

🐦 トレイやかごに入れる

水まわりにものを置きっぱなしにすると、すぐに汚れがたまってしまうので、かごに入れて収納しましょう。よく使う小物をまとめておくと、すぐに取り出せるので便利です。

🐦 吊るして収納する

出しっぱなしにしておきたいものは、ラックにまとめて吊るすのがおすすめ。ひとつのラックにすべて吊るすとまるごと移動できるので、掃除もラクチンです。

吊るし収納はぬめり予防になる！
洗顔フォームなどの小物を床につけないように吊るすことで、カビや水あかによるぬめり汚れを防止できます。

ぬめりやカビの防止にもなるね！

すっきりした洗面台を作る 5つのコツ

\コツ/ ① 古くなった化粧品は捨てる

\コツ/ ② 鏡や蛇口はこまめに拭いてピカピカに

\コツ/ ③ 化粧品や歯磨き道具を出しっぱなしにしない

\コツ/ ④ つっぱり棒で引っかけ収納スペースを作る

\コツ/ ⑤ ラックを使って収納力アップ

掃除しやすい状態をキープして

洗面台が雑然としていると、ものを動かすのが面倒で掃除がされなくなってしまいます。いつでもすっきりした状態を心がけて。

POINT 水まわりにグリーンを置くと清潔感アップ

鏡裏や壁際にある目隠し収納には、散らばりやすいものを入れておくのがおすすめ

コスメは1年で使い切る

〈 おうち 5 〉

🎀 化粧水
防腐剤不使用のものやオーガニック系のものは傷みやすいと心得て。

🎀 つけまつげ
使い終わったらアルコールをしみ込ませた綿棒で接着部分を除菌して。

🎀 口紅・グロス
直接口につけて使う場合は、使うたびに拭きとっておけば清潔。

🎀 アイシャドウ
指でつけている場合は雑菌が繁殖しやすくなるので、とくに使用期限に注意が必要。

🎀 パフ・スポンジ
週に一度は洗って完全に乾かしましょう。弾力がなくなったら替えどき。

🎀 ブラシ
使うたびにティッシュで拭き取ります。洗うのは半年に一度でOK。

🎀 ハンドクリーム
成分が分離していたり、色や香りが変わっているものは使わない！

🎀 チーク
クリームタイプはパウダータイプよりも変質しやすいので気をつけて。

ADVICE

開封後1年経ったら捨てよう

化粧品の使用期限は、未開封なら3年、開封後は3カ月から1年が目安。1年以上経ったら残っていても捨てましょう。

ドレッサーがなくてもOK！
キレイを作るメイクスペース

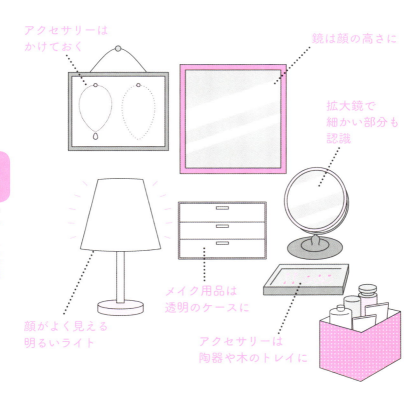

メイクスペースは美しく整える

専用のドレッサーがなくてもメイクはできます。大切なのは美しく整った場所を用意すること。鏡やメイク道具がベタベタに汚れているようではキレイは作れません！

使い切れない化粧水はお風呂に入れれば入浴剤の代わりに

オシャレなトイレ空間を演出して

毎日使うからこそ、いつでもキレイに、
そして入るたび気分が上がるような空間を演出しましょう。

つっぱり棒やフックを活用する

つっぱり棒を使って小物を吊らすと床が開けて、トイレの狭さを感じさせません。フックやハンモックなどアイテムを工夫すればオシャレな雰囲気も出ます。

掃除道具もデザインにこだわって選ぶ

トイレ掃除に必須なトイレブラシは目に見える場所に置かれることも多いもの。オシャレなデザインを選べばインテリア代わりになり、掃除も楽しくなります。

ADVICE

トイレマットや便座カバーは思い切ってやめてみよう！

トイレマットや便座カバーは汚れが目立ちやすく洗濯に手間がかかります。マットなしなら、汚れてもシートで拭きとるだけで掃除もラクチンです。

オシャレな玄関を作る3つのコツ

☑ 絵や雑貨で自分らしく飾る

お気に入りの絵画や雑貨に合わせて全体をレイアウトしましょう。玄関は一番最初に見る場所なので、シンプルにまとめるとよいでしょう。

☑ 鏡を置く

窮屈な印象になりがちな玄関には、奥行き感を演出できる鏡がおすすめ。出かける前の身だしなみチェックもできて、実用性も抜群です。

☑ ドライフラワーやフェイクグリーンを置く

カラフルな花よりも、落ち着いたグリーンやドライフラワーのほうが、空間に統一感が生まれて洗練された雰囲気になります。

靴の収納アイデア

つっぱり棒で収納力を倍に！

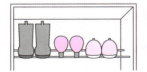

下駄箱の縦幅が余っているなら、つっぱり棒を渡せば棒の上にさらに靴が載せられます。

ヒールのない靴はかごに立てて収納

高さのない靴は、100円ショップで買えるかごに立てて収納すれば省スペースになります。

 玄関でスペースをとりがちな傘はひとり1本が適量。ムダな分は処分を

本棚はインテリアとして使う

〈 おうち 5 〉

ついつい増えてしまう本や雑誌は部屋が散らかる原因になりがち。整理するのはもちろん、見せる収納でお部屋のインテリアとして活用するのもおすすめです。

本をためないための3ヵ条

1 収納スペースを決める
あらかじめ本をしまうスペースを決め、そこからあふれるたびに本を整理して収納できる量にキープしましょう。

2 雑誌はスマホの定額サービスを活用
複数の雑誌を配信している定額制アプリを使えばスマホで気軽に雑誌が読めるので、雑誌がたまることもありません。

3 ディスプレイラックつきの書棚を選ぶ
ただ単に収納するのではなく、表紙も部屋のインテリアのひとつとしてオシャレに飾ってみましょう。

本棚の整理方法

まず、すべての本を本棚から出す！
↓
分類する

ずっと残したい本
お気に入りの本など、手にとれる形でずっと持っていたいものだけを選びましょう。 → 収納

しばらく残したい本
未読の本やもう一度読むかもしれない本は、しばらく残しておいてよいでしょう。 → 一定期間収納

読んでいない本
まだ読んでいない本でも、この先読むことがなさそうであれば思い切って処分しましょう。

これから読む本は収納

読みそうにないものは処分！

不要な本
捨てる以外に、古本屋の買い取りやオークションなども利用して処分しましょう。 → 処分！

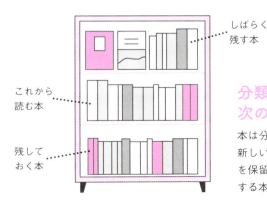

しばらく残す本

これから読む本

残しておく本

分類ごとに分けると次の整理がラク

本は分類したまま収納します。新しい本を1冊買ったら、処分を保留している本から1冊処分する本を選びましょう。

本の処分は「読みたくなったらまた買おう」くらいの気持ちで

写真は年に一度アルバムに

〈おうち 5〉

写真の整理術

コツ1 アルバムアプリを使って整理

スマホで気軽に撮影できるので、気がつくと容量いっぱいに写真がたまっていることも。撮った写真を自動的に外部サーバーに保存してくれるアプリを使えば容量を圧迫しません。

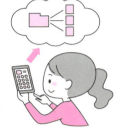

パソコンへのバックアップも忘れずに

データの保存はクラウドも活用しよう

Googleドライブなどのクラウドサービスに保存すれば、スマホのデータが消えてしまったときでも写真を残しておけます。

コツ2 1年ごとにアルバムやフォトブックにまとめる

こまめに整理していても、写真はたまってしまうもの。1年に一度は印刷サービスを利用してアルバムとしてまとめましょう。

ADVICE

整理し切れないのは写真が多過ぎるから！ 写真は撮り過ぎず、とっておきの場面を残すものだと考えて。

コツ3 パソコン上のデータは年ごとに DVD-ROM に

パソコンだけに写真を保存している状態だと、もしものときに大切なデータが消えてしまう可能性があります。年に一度は整理を兼ねて、大切な写真のデータは DVD にバックアップしておくと安心です。

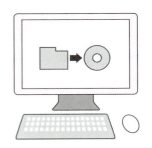

コツ4 古い紙焼き写真もデータ化！

「昔撮影した紙焼き写真が引き出しの中に大量に眠っている」「アルバムには入れないけど、捨てられない！」そんな写真はデータ化してしまいましょう。業者に依頼する以外にも、写真を取り込めるスマホアプリも便利です。

CD・DVD の整理

ファイル型のソフトケースに入れればコンパクト！

DVD や CD はケースごと保存しておくとかさばるので、ファイル型のソフトケースでコンパクトにまとめるのがおすすめ。入っている写真データの情報をしっかりラベリングすれば、見直したいときもすぐに目当てのデータが見つけられます。

整理してからアルバムに入れようとすると後回しになりがち。ざっくり並べれば OK

家の中に紙類を
ためない6つの工夫

紙類はためると整理が大変になります。
いらないものは処分するクセをつけましょう。

1 玄関にゴミ箱を置いてチラシはすぐ捨てる

家の中に持っていくと「後で見よう」と放置しがち。玄関にゴミ箱を置いて、その場で不要なチラシは捨てましょう。

2 不要なDMは断る

見ていないのに惰性で受け取り続けているDMは、まとめてキャンセルを。必要ないなら受け取らないのが大切です。

3 郵便物はすぐに分類する

暇なときにまとめて分類しようとすると、郵便物がたまって面倒に。チラシと一緒に、玄関でチェックしましょう。

分類さえできれば探すときもラク！

ファイルはラベリングしよう

書類をファイルにまとめても、何が入っているのかわからないと探す手間がかかってしまいます。ラベリングこそ大切！

キープする書類はウォールポケットに！

すぐには判断できない書類などは目に留まりやすいウォールポケットに移動させて。紛失したり忘れたりすることも防げます。

大切な書類はクリアファイルに入れる

契約書や履歴書などの重要な書類は、汚れたり折れたりしないように必ずクリアファイルに入れて保存しましょう。

家電の説明書はボックスファイルに立てて保管

かさばりがちな取扱説明書はファイルボックスに入れて「家電」「PC関係」などと分類すればスムーズに取り出せます。

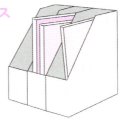

家電はもう捨てたのに取扱説明書だけ保存している…なんてことがないように！

「捨てられない」から抜け出そう!!

おうちをすっきりさせる一番の近道はものを減らすこと。
思い切って捨てることが大切です。

ものを処分するメリット

❶ 気分がポジティブになる

ものがあふれて雑然としたお部屋だと気分もイライラしがち。きれいな部屋だとすっきりと明るい気分に。

❷ 時間を効率的に使えるように

どこに何があるか把握できるので探しものがなくなります。掃除もラクになるので時間に余裕が生まれます。

❸ ムダな出費が減る

「同じものをまた買っちゃった」というムダがなくなって本当に必要なものを買うクセが身につきます。

❹ お気に入りを大切にできる

ガラクタを手放すことでお気に入りのものだけが残り、それらをより大切にしようという気持ちになれます。

❺ 生活空間が広くなる

ものが減るとその分お部屋を広く使えます。広々してリラックスできるのはもちろん、趣味にも打ち込めます。

ADVICE

そのスペース、いくらの価値？

生活空間もあなたが大切なお金を払って得ているスペース。いらないもので1畳分ムダにしているとしたら、家賃やローンに換算するといくら分のムダになる？一度計算してみて！

ものを捨てることは、執着心を捨てることにもつながる！

ものを捨ててみよう

さあ、実際にものの処分に挑戦してみましょう。
いらないものがたくさんあることに気づくはず。

1 片付ける場所を決める

一度にたくさんの場所は無理。あちこち手を広げずに、「今日はこの棚」と場所を決めて取り組むべし！

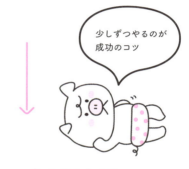

少しずつやるのが成功のコツ

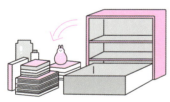

2 すべてのものを出して並べる

一度すべてのものを取り出して並べてみて。何が入っているのか、全体像を把握することが大切です。

想像以上にものがたまってる…

POINT

「着れる」「使える」という観点ではなく、「着るか」「使うか」という観点で見るのが成功のコツ。

3 3つに仕分けする

「取っておくもの」、「処分するもの」、そして「どちらか決められず迷っているもの」の3つに分類します。

4 「迷っているもの」は 1カ月後に見直す

迷ったものは今すぐ判断しなくてもOK。ひとまとめにしておき、1カ月後など期間を決めて再度見直します。

5 半年〜1年経ったら もう一度見直す

以前は必要と判断したものも、時の経過とともに不要になっているかも。少なくとも1年に一度は見直して！

ADVICE

「何となく使っているもの」は 一度捨てて買い替えを！

思い入れがなく何となく使っているアイテムは、気に入ったデザインのものに買い替えてみて。身のまわりを好みのテイストで統一すれば、理想のお部屋に近づけます。

処分や片付けは途中で脱線しがち。時間を決めてテキパキ作業しよう

捨てづらいこんなものはどうする？

「いらないけれど捨てることにも抵抗がある」、そんなものへの対処方法です。

ぬいぐるみ・人形

→ **気になるなら供養してもらう**

何となく捨てづらいぬいぐるみや人形は、近くの神社などでお焚き上げの供養をしてもらいましょう。

子どもの頃の絵や賞状

→ **選別して一部だけ残す**

本当に残しておきたいもの以外は、写真を撮ってから処分します。写真ならかさばらずに思い出を残せます。

お守り・お札など

→ **お寺や神社に返す**

もらった場所に返すのが基本ですが、遠方で難しい場合は近くの神社・お寺に持っていきましょう。

人からプレゼントされたもの

→ **不要なら思い切って処分する**

使わないのに義理を感じて置いておくのは心の負担になるだけ。気持ちだけ頂いて、思い切って処分しましょう。

コレクションしていたもの

→ **売れば思わぬ価値になるもの？**

趣味のグッズは価値がつくものも。捨てずにリサイクルショップやオークションで売ってみて。

新品できれいなもの

→ **あえて使うのもひとつの手**

新品で捨てづらいなら、あえて使ってみましょう。高価なものも普段使いしてみて。使ってみて不要とわかったら処分を。

お守りやお札は初詣のタイミングで返すのがベスト

不用品を売ろう！

ものを捨てて出た不用品はすぐに捨ててしまわず
売ってみましょう。意外と高額になるかも！？

方法 1　リサイクルショップ

売りたいと思ったときに持ち込むだけなので簡単です。出張買取や宅配買取りを行ってくれるところもあります。

◎メリット
・持ち込むだけでOK
・まとめて処分できる

×デメリット
・価格は自分で決められない

方法 2　フリーマーケット

参加申し込みをして会場まで荷物を運び、自分で販売するという手間はありますが、イベントとして楽しめます。

◎メリット
・買い手と直接話せる
・イベントとして楽しめる

×デメリット
・出店料がかかる
・出店準備が大変

方法 3　ネットオークション

写真と商品情報をアップし、出品価格と入札期間を決定。最高入札額で落札されるので高額になる可能性も。

◎メリット
・レアアイテムやコレクターズアイテムは高く売れる可能性も

×デメリット
・利用料、手数料がかかる
・自分で梱包、発送しなければいけない

方法 4　フリマアプリ

オークションとは異なり、価格は自分で決めます。購入希望者と価格や送付方法についてのやりとりも可能。

◎メリット
・自分で価格を設定できる
・初心者でも簡単に出品できる

×デメリット
・利用料、手数料がかかる
・自分で梱包、発送しなければいけない

お店の下取りサービスもチェック！
衣類や靴の下取りサービスを導入するお店が増えています。商品購入時に割引してもらえる場合と、割引券がもらえる場合があります。

まだ使えるものは、「売る」「捨てる」だけでなく「寄付する」という選択肢も！

6章

時間とカラダの整理

時間

人間関係

ストレス

ホルモン

美と健康

など

1日は24時間で誰もが平等です。でも、同じ量の仕事をしているのに、ある人はしっかりプライベートの時間を確保していたり、いつも心に余裕があったり…。それは時間の「使い方」に差があるのかもしれません。自分にとって今何が大切なのか、しっかり優先順位をつけることができれば、人間関係のストレスからも自由になれます。自分の心とカラダは自分で整えていきましょう。

時間を整えると毎日が楽しくなる！

時間 6

💔 乱れた生活をしていると
→ **できないことが多い**

NG

- 夜遅くまで起きている
- いつもイライラや不安感
- 仕事ばかりでプライベートがない
- できてないことが山積み
- 朝起きられない

悪循環に陥って不調に！

夜遅くまで起きていて、朝なかなか起きられない、寝不足のため仕事に集中できない、仕事が終わらないからプライベートがない…。そんな悪循環に陥ってはいませんか？乱れた生活を続けていては、したくてもできないことがどんどん増え、ストレスがたまってしまいます。

時間の流れを整えると
できることが増える

- ゆっくりお茶を飲む時間が作れる
- 朝の時間を有効活用できる
- 十分な睡眠でやる気がみなぎる
- 仕事とプライベートにメリハリができる

時間に余裕ができて心もラク！

時間の使い方が上手な人はできることがたくさんあります。夜は十分な睡眠をとっているため、朝はすっきり起きられて、丁寧に淹れたお茶をゆっくり飲む時間も作れます。心に余裕があるため仕事にも集中することができ、プライベートの時間もしっかり確保できます。

スマホをだらだら見ないように30分だけなどと決めることが大事！

朝・昼・夜の
メリハリ時間作り

朝、昼、夜とそれぞれメリハリ時間を作ることが
有意義な1日につながります。

朝 気持ちよく過ごし慌てない

- [ ] 好きな音楽を聴く
- [ ] 1日のToDoを考える
- [ ] 常温の水を飲む
- [ ] 軽くストレッチをする
- [ ] 朝ごはんをしっかり食べる
- [ ] 5分ほど掃除する

昼 すき間時間を作ってメリハリを

- ☐ メールはだらだら見ない
- ☐ 面倒な作業を後回しにしない
- ☐ 退社時間を決める
- ☐ 仕事の合間にコーヒーでひと息

夜 明日のための準備時間にする

- ☐ 気になったことを調べる
- ☐ 明日することをToDoリストにまとめる
- ☐ テレビ、スマホの時間を決める
- ☐ 眠くなくてもベッドに入る

夜をどう過ごすかで翌朝の過ごし方が大きく変わります

時間 6 「5分」でできることを考えてみる

まずはしたいことをリストアップ！

5分でできるのはこんなこと！
- ぼーっと（心をからっぽに）する時間
- 掃除をする、片付けをする
- 植物に水をやる
- ストレッチをする
- 手帳を広げて振り返る
- メールの返信をする

すき間時間に入れ込もう！

メリハリ時間を作る 3 つのコツ

1 プライベート時間は先にブロックする

心が休まるプライベートの時間は、早めに日程を確保し、予定を決めておくことが大切です。日程が明確になることで仕事とのメリハリがついて、モチベーションアップにつながります。

2 1日にひとつはときめく時間を入れる

たとえば好きな芸能人の出演番組を観る、お気に入りのコーヒー豆をひく、ネイルを楽しむなど、どんなことでもどんな短時間でもいいので1日にひとつは心がときめく時間を確保しましょう。

3 自分を向上させる時間を持つ

資格取得のための勉強や、いつか海外旅行するための語学の勉強など、夢や目標のために費やす時間は向上心を刺激します。どんな小さなことでもいいので、まずは目標を決めましょう。

「何もしない」ことも大切。心が疲れを感じたら「何もしない」で過ごしてみても

〈 時間 6 〉

時間のムダ使いをやめれば余裕が！

1 選んだり悩んだりする時間

人生で選択を迫られる場面は多々ありますが、インスピレーションを信じて、決断は迅速にすることを意識しましょう。

これで－1時間

2 夜遅くまで起きている時間

夜更かしは百害あって一利なしです。毎日十分な睡眠時間を確保して、気持ちのよい朝を迎えましょう。

これで－2時間

3 スマホをながめたりテレビを見ている時間

スマホやテレビはついダラダラと見てしまいがちですが、時間を決めてスパッとやめることが大事です。

30min

これで－3時間

POINT
もっと時間を作りたいと思うなら！

家事の時間も家電利用でできる

たとえば洗い物は食器洗浄機に、掃除はロボット掃除機に任せたりと、家電を賢く利用することで家事の時短につながります。

飲み会に参加する時間

社会人にとって切り離せない飲み会ですが、毎回参加しようとは思わず、たまには欠席してその時間を自由に過ごしてみて。

普段忘れがちな

空いた時間にこんなこともできる！

- お礼状を書く
- 服のほつれやボタンを直す
- 靴のお手入れ
- ゆっくりお茶を淹れてひと息
- 親しい人への贈り物を考える
- 撮った写真の整理・現像
- 気になる本を読み始める
- 普段目につかない部分の掃除

旅行の計画は早めに立てるほどお得。余裕を持ってじっくり考えてみて

人間関係 6

イライラを生む人間関係を整理する

負担を感じる人と無理に付き合う
↓
イライラがたまってストレスになる

- 話をするたびイライラしたりモヤモヤしたり
- つながりを疲れると感じる
- 仲間外れが嫌で何となく付き合っている

NG

付き合い方を考え直すべきかも

話をしていてなんだか会話が噛み合わないと感じたりイライラしたり、別れた後にどっと疲れを感じたり…。そんな相手とは付き合い方を見直す必要があります。この先無理に付き合っても、ストレスを増やすだけでよいことはありません。距離をおくことを恐れないで。

♥ 一緒にいて楽しく、落ち着く人と付き合う

自分のモチベーションが高まる

話しやすくて
また会いたいと感じる

素直に好きだなと
感じる

OK

尊敬できる存在

会う予定を
心から
楽しみにできる

心から会いたい人を大切にして

会話をしていると落ち着いて、心が休まる、会う前にはワクワクと気分が高まる、別れた後はまた会いたいと思う…。そんな相手はあなたにとって大切な存在であることは間違いありません。感謝の気持ちを忘れず、この関係を大事にしていきましょう。

 初対面であまり付き合いたくないなと感じたら、その直感は大事かも！

〈人間関係 6〉

職場では好印象のひと言を持って

おはようございます
寒いですね

さまざまなタイプの人がいるから ひと言ひと言を慎重に

挨拶やあいづちひとつでも、言い方によって相手の受け取り方は変わります。好印象のひと言を身につけましょう。

うまく相談・報告する

- ✘「こんなときどうします？」
- ○「お知恵をお借りしたいのですが…」

....

- ✘「ちょっと今いいですか？」
- ○「お忙しいところ申し訳ないのですが…」

....

- ✘「自分的にはこう思うんですが…」
- ○「これは私見ですが…」

印象のよい挨拶をする

- ✘「おはようございます」
- ○「おはようございます、寒いですね」

....

- ✘「すみません」
- ○「ありがとうございます、大変助かります」

....

- ✘「お休みどうもでした」
- ○「おかげさまで楽しい休暇を過ごすことができました」

気を悪くせず断る

- ✗「それは無理です」
- ○「申し訳ございませんが、致しかねます」

- ✗「ちょっとそれは…」
- ○「とてもありがたいお話なのですが…」

- ✗「私は行きません」
- ○「ありがとうございます、残念ですが今回は…」

- ✗「絶対に私にはできません」
- ○「私には少々荷が重く…」

上手に謝る

- ✗「すみません」
- ○「誠に申し訳ございません」

- ✗「すみません、忘れました」
- ○「申し訳ございません、失念しておりました」

- ✗「悪いのは私です」
- ○「申し訳ございません、私の不注意でした」

- ✗「すみません、それはできません」
- ○「お役に立てず申し訳ございません」

「恐れ入りますが」「申し訳ございませんが」などのクッション言葉は大切！

〈人間関係 6〉

意識を変えるだけで人間関係は整う

✨ 人間関係が整う4ワザ ✨

1
苦手な人には連絡しない
関係が負担になる相手には、自分から連絡をとらないようにするだけでいつの間にか疎遠になることも。

2
自分のために時間を使う
いっしょに過ごすことが苦痛な相手と時間を共有するのはもったいない！ 自分のために有意義に使って。

3
距離をとることも大事
少しでも自分にとって相手の存在が負担となるようだったら、思い切って距離をとるべきです。連絡はとらず、会う時間も必要最低限にして。

4
広い人間関係を求めない
人間関係は多ければ多いほどよいというものではありません。あなたにとって、本当に大切と思える人がひとりでもいればいいのです。

ADVICE

辛いなら未来を想像して！
今、人間関係に悩んでいてもその状態が3年後、5年後も続くとは限りません。3年後、5年後の明るい未来を想像して乗り切りましょう。

194

コミュニケーション上手な人は相手が喜ぶひと言をさりげなく言える！

[上手な言い換え表現]

八方美人	→	コミュニケーション能力が高い
要領が悪い	→	マイペース
空気が読めない	→	自分の世界を持っている
飽きっぽい	→	好奇心がある
神経質	→	几帳面
落ち着きがない	→	活気がある
貸したお金	→	立て替えたお金
無愛想	→	クール
世間知らず	→	純粋
堅苦しい	→	きちんとしている
口べた	→	思慮深い
緊張感がない	→	肩の力が抜けている
計画性がない	→	行動力がある
口がうまい	→	フレンドリー
人見知り	→	誠実
気まぐれな	→	気持ちの切り替えが早い
平凡	→	手堅い
おとなしい	→	もの静か
地味な	→	素朴な
手際が悪い	→	丁寧
派手な	→	華やかな

苦手な人と距離をとるときは、相手の気分は害さずに

自分が"ステキ"と思う OFF時間を持とう

仕事や人間関係などでストレスがたまったら、無理はせずにリフレッシュしましょう。

1 お菓子作りにチャレンジ！

材料をしっかり計量したり工程が多かったりと手間がかかるお菓子作りですが、達成感を得られるのでよいストレス発散に！

2 雰囲気のよいカフェで読書タイム

お気に入りのカフェでおいしい飲み物を飲みながら、時間を気にせず読書タイム。自然とストレスも忘れられるでしょう。

3 自分のために丁寧にコーヒーやお茶を淹れる

いつもはインスタントやティーバッグですませているお茶やコーヒーを、お客さんに淹れるように丁寧に淹れてみましょう。

4 絶景を見にドライブへ

日本には絶景と呼ばれる場所がたくさんあります。お気に入りの音楽をかけながらドライブして、大自然の絶景を見に行けば自分の悩みが小さく見えるかもしれません。

5 御朱印めぐりでパワーをもらう

近年ブームになっている御朱印集め。まずはお気に入りの御朱印帳を手に入れて、大切に持ち歩きましょう。パワーをもらえるだけでなく、旅の思い出の記録にも！

6 美容室へ行って髪型を変える

髪型を変えると気分が一新できて大きなリフレッシュに。長さを変えずともパーマやカラーリングなどのアレンジをしても！ヘッドスパをしてもらうのもいいかも。

無理に何かを頑張る必要はなし！好きなことをして

心とカラダ 6 ― くじけそうなときこそ心を整える

1 トイレに1分間こもる

トイレの個室に入って、気持ちが落ち着くまでこもります。たった1分間こもるだけで、不思議と気分を入れ替えられます。

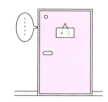

2 ノートに気持ちを書き出す

モヤモヤしていることや、人には言いづらいことなどを自由にノートに書いてみて。言葉にすると気持ちが落ち着きます。

3 美容アイテムを購入する

新しい美容アイテムは落ち込んだ心を盛り上げてくれます。いつもとは違うカラーのリップやチークを試してみても。

4 何も考えずに眠る

悩んでいても答えが見つからないときは、何も考えずにとにかく眠りましょう。翌朝には違った見方ができていることも。

5 映画や漫画でとりあえず笑う

笑うことは一番のストレス発散です。明るい漫画や映画を見れば、自然と笑ってしまい、きっと元気が出ることでしょう。

元気が出る映画

「ミニオンズ」
(2015年公開)
人気キャラクター・ミニオンがイギリスで大暴れ！ ミニオンのかわいさに癒される〜！

「テルマエ・ロマエ」
(1は2012年、2は2014年公開)
古代ローマからローマ人が現代日本にタイムスリップしてしまう壮大な設定のコメディー。

「イエスマン "YES" は人生のパスワード」
(2009年公開)
どんなことにも「イエス」と答えるようになって人生が変わった男性を描いたコメディー。

「プラダを着た悪魔」
(2006年公開)
一流ファッション誌のカリスマ編集長のアシスタントの奮闘を描く。働く女性が元気をもらえる名作。

「スクール・オブ・ロック」
(2003年公開)
冴えないバンドマンが名門小学校の臨時講師に!? 感動あふれるコメディー。

元気が出る漫画

「よつばと！」
(あづまきよひこ・アスキーメディアワークス)
5歳の女の子よつばがとーちゃんやまわりの人たちと日常を冒険するほのぼの漫画。

「荒川アンダー ザ ブリッジ」
(中村光・スクウェアエニックス)
個性的な登場人物たちが繰り広げるテンポのいいやり取りは、じわじわと笑える！

「磯部磯兵衛物語〜浮世はつらいよ」
(仲間りょう・集英社)
江戸時代のパロディギャグ漫画。とにもかくにもぐだぐだ生きる磯兵衛の生きざまに元気をもらえるかも!?

「ヘタリア」
(日丸屋秀和・幻冬舎)
国を擬人化した漫画。各国の豆知識なども学べるので旅行したくなること間違いなし！

心も体もこわばってしまったときは、「汗をかく」ことを心がけて

心とカラダ 6 — 習い事で新しい世界に出会おう

❤ オトナ女子に人気の習い事

- バレエ
- ボルダリング
- お料理
- 茶道
- 英会話
- フラワーアレンジメント
- 空中ヨガ
- 習字・ペン字
- パン教室
- アロマテラピー
- キックボクシング
- お菓子作り教室
- ピラティス
- 着物の着付け
- ネイルアート
- カメラ教室
- 陶芸教室

習い事のメリット

 生活に刺激と潤いが！
新しい知識を得たり、カラダを動かして汗を流したりするので、日々の生活に刺激や潤いが生まれます。

自分と興味の合う人と出会える
同じことに興味のある人が集まっているので、話が合いやすく新たな人間関係を築くのにぴったり。

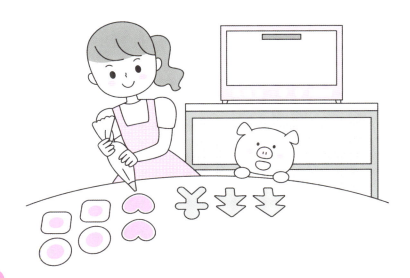

新たな自分を発見できるチャンス

今までチャレンジしていなかったことでも、実は得意だったり才能が開花したりと、習い事がきっかけで新たな自分が見つかるかも!?

仕事のスキルアップにつながることも

英会話など直接スキルアップにつながる習い事もありますが、仕事と無関係と思っていた習い事が意外なところで役立つこともあります。

「好き」という気持ちが大事!

ワークショップも要チェック!

ワークショップとは「体験型講座」のこと。内容は多岐にわたり、アイシングクッキー作りやトルコランプ作り、ステンドグラス作りなどさまざまなものを参加者が自分たちの手で作製することができます。

1回、3回など、回数が決まっている講座ならハードルも低くて始めやすいかも

心とカラダ 6 — 女性ホルモンを味方につける

女性の不調は女性ホルモンに注目すべし！

女性ホルモンはこの2つ

エストロゲン
卵胞ホルモンと呼ばれ、排卵前に分泌が増えるホルモン。乳房を豊かにしたり、肌のハリや弾力を保ったりするホルモン。

プロゲステロン
黄体ホルモンと呼ばれ、排卵後の黄体期に増えるホルモン。妊娠に備えて体温を上げたり、子宮内膜をふかふかにしたりします。

女性ホルモンのバランスがくずれると…

冷え性／イライラ／便秘／肌荒れ／めまい／乾燥／月経不順／不眠／貧血／落ち込み／頭痛／etc

どちらかのホルモンだけが多くてもダメ！

2種類の女性ホルモンがバランスよく働いてこそ、健康な美しいカラダになります。

女性ホルモンを整える 3 つのコツ

1 体を温める

冷えは体の血流を悪くする最大の要因。冬だけでなく夏も入浴や温かい飲み物で冷え防止を。

体を温めるアイテム
腹巻き　靴下　ネックウォーマー　温湿布
ホットアイマスク　など

2 大豆製品を意識してとる

大豆に含まれる大豆イソフラボンは、エストロゲンとよく似た分子構造をしています。体内でエストロゲンと同じように働くので、納豆や豆腐、油揚げ、味噌、豆乳などの大豆製品が不足しないように！

3 月経のリズムをしっかり把握する

月経周期は大切なカラダのバロメーター。「前回いつ来たっけ？」とならないよう、しっかり把握を！

ごく少量の男性ホルモンも大切！
骨格や筋肉の発達を促すなどの作用があるため、男性ホルモンも少量は必要です。

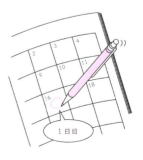

たばこはエストロゲンの働きを低下させるので、できるだけ禁煙しましょう

月経リズムとカラダのコントロール

〈心とカラダ 6〉

28日周期の月経リズム

1	2	3	4	5	6	7

月経中の1週間

8	9	10	11	12	13	14

← 月経後の1週間 / 排卵日

15	16	17	18	19	20	21

排卵後の1週間

22	23	24	25	26	27	28

月経前の1週間

エストロゲンとプロゲステロンの分泌リズム

月経前1週間	排卵後1週間	月経後1週間	月経中1週間

排卵日 / プロゲステロン / エストロゲン

GOOD ITEM!

基礎体温をつけてみよう！

基礎体温をつける習慣をつければ、月経周期を把握できて、体調や肌の変化に気づくことができるようになります。

月経中1週間

デトックスを

体温が下がって血行も悪くなりがち。入浴などで体を温めて。

月経後1週間

肌は絶好調！

肌トラブルが起こりにくいので、エステや脱毛はこの時期がおすすめ。

> 女性の魅力が増す時期なのでデートなどの予定も入れて！

排卵後1週間

調整期

腸の動きが鈍くなったり、皮脂の分泌が高まったりする時期。便秘や吹き出物に悩まされることも。

月経前1週間

不調・トラブル期

血行が悪くなり、むくみがち。イライラや不安を感じやすいので、無理せず自分を労わってあげて。

朝ごはんを抜くとホルモンバランスが乱れるので、毎日きちんと食べて！

美と健康をキープする!
カラダメンテナンス

見た目の美しさや健康な体をキープするためには、さまざまなメンテナンスが大切です。

整体やマッサージ

デスクワークでは特に肩こりや腰痛に悩まされる人が多いでしょう。整体やマッサージに通って、体の歪みやこりを定期的に治してもらいましょう。

ネイルサロンで爪のお手入れ

爪がキレイに整っていると、気分が上がるものです。ただし、派手過ぎる色や飾りは社会人としてNGなので注意を。

ジムや岩盤浴で汗を出す

ジムに通って体を動かしたり、岩盤浴で汗を流したりするのは健康によいだけでなく、ストレス発散にもつながります。

姿勢と深呼吸を常に意識！

姿勢が悪い人は、呼吸が浅くなります。正しい姿勢で深呼吸することを意識して、自律神経を整えましょう。

スーパーフードや良質な油をとる

アサイーやキヌアなどのスーパーフードや生活習慣病を予防するエゴマ油や亜麻仁油など…。自分に合うものを探して。

美顔器やオイルで集中美容ケア

1週間に一度は美顔器で肌のケアをする、ちょっとリッチなオイルでマッサージをするなど集中的にケアする日を設けます。

婦人科系の検診を受ける

子宮頸がんは20代後半から、乳がんは30代から増加します。会社の健康診断以外にも、定期的に婦人科検診を受けましょう。

 自治体が無料で行っている婦人科検診は要チェック

STAFF

イラスト　渡邉美里 (うさみみデザイン)

フォーマットデザイン　塙 美奈 (ME&MIRACO)

DTP　　　　アーティザンカンパニー

編集・制作　古里文香・矢作美和・茂木理佳・川上 萌・大坪美輝・原見里香 (バブーン株式会社)

校正　　　　情報出版

【参考文献】
『図解まるわかりビジネス力をグンと上げる整理術の基本』(新星出版社)、『仕事がサクサクはかどる　コクヨのシンプル整理術』(KADOKAWA)、『オトナ女子のお金の貯め方増やし方BOOK』(新星出版社)、『お金を整える』(サンマーク出版)、『図解 ゼロからわかる!最新お金の教科書』(学研プラス)、『ヒットを生み出す7つの習慣とメソッド 超メモ術』(玄光社)、『仕事のミスが激減する「手帳」「メモ」「ノート」術』(明日香出版社)、『意外と誰も教えてくれなかった 手帳の基本』(ディスカバー『トゥエンティワン』)、『20代から読んでおきたいお金のトリセツ!』(日本経済新聞出版社)、『日経ウーマン』(2018年2月号、2017年5月号、7月号・日経BP社)、『持たない ていねいな暮らし』(すばる舎)、『明日、会社に行くのが楽しみになる お仕事のコツ事典』(文響社)、『そうじ以前の整理収納の常識』(講談社)、『女性ホルモン美バランスの秘訣』(大泉書店)、『オトナ女子の不調をなくす カラダにいいこと大全』(サンクチュアリ出版)

本書の内容に関するお問い合わせは、書名、発行年月日、該当ページを明記の上、書面、FAX、お問い合わせフォームにて、当社編集部宛にお送りください。電話によるお問い合わせはお受けしておりません。また、本書の範囲を超えるご質問等にもお答えできませんので、あらかじめご了承ください。

　FAX：03-3831-0902

　お問い合わせフォーム：http://www.shin-sei.co.jp/np/contact-form3.html

落丁・乱丁のあった場合は、送料当社負担でお取替えいたします。当社営業部宛にお送りください。
本書の複写、複製を希望される場合は、そのつど事前に、出版者著作権管理機構(電話：03-5244-5088、FAX：03-5244-5089、e-mail：info@jcopy.or.jp)の許諾を得てください。
JCOPY ＜出版者著作権管理機構 委託出版物＞

オトナ女子の整理術

2018年5月15日　初版発行
2020年4月5日　第5刷発行

編　者	新 星 出 版 社 編 集 部
発 行 者	富 永 靖 弘
印 刷 所	株 式 会 社 高 山

発行所　東京都台東区　株式　新星出版社
　　　　台東2丁目24　会社
　　　　〒110-0016 ☎03(3831)0743

© SHINSEI Publishing Co., Ltd.　　　　Printed in Japan

ISBN978-4-405-10309-2